如花美眷，抵不过似水流年

白落梅品红楼

白落梅——著

中国华侨出版社

图书在版编目（CIP）数据

如花美眷，抵不过似水流年 / 白落梅著．—北京：中国华侨出版社，2017.9
ISBN 978-7-5113-7013-6

Ⅰ．①如… Ⅱ．①白… Ⅲ．①《红楼梦》研究 Ⅳ．①I207.411

中国版本图书馆CIP数据核字（2017）第186730号

● 如花美眷，抵不过似水流年

著　　者 / 白落梅
出 版 人 / 刘凤珍
出版监制 / 刘连生
责任编辑 / 泰　然
封面设计 / 马顾本
经　　销 / 新华书店
开　　本 / 870mm × 1280mm　1 / 32　印张 / 8　字数 / 180千字
印　　刷 / 天津市豪迈印务有限公司
版　　次 / 2017年9月第1版　2018年5月第3次印刷
书　　号 / ISBN 978-7-5113-7013-6
定　　价 / 38.00元

中国华侨出版社　北京市朝阳区静安里26号通成达大厦3层　邮编：100028
法律顾问：陈鹰律师事务所
发 行 部：（010）82605959　传真：（010）82605930
网　　址：www.oveaschin.com
E - mail：oveaschin@sina.com

前言　世间万物，终是草草

有人说，我是从宋词里走出来的女子，兰舟独上，又不带词的哀婉与愁怨。也有人说，我来自唐朝，有一种行至水穷，坐看云起的淡然闲远。又有人说，我从民国烟雨长巷走来，款款轻步，一袭旗袍，惊艳了时光，温柔了岁月。

其实，我从红楼书卷里走来，是黛玉葬花时遗忘的一朵落花，随沁芳溪水漂流，辗转于这一世人间。

《红楼梦》是一本书，千百人物，千百故事，千百风景。那里有人情百态，世间万象；有鲜花著锦，烈火烹油；那里是花柳繁华地，温柔富贵乡。许多人穷尽一生想要抵达，那座朱墙碧瓦的府邸，而身处其间的人，耗费了半世华年，却走不出来。

千万个人，就有千万册红楼。红楼是书，也是戏，更是人间现世。一卷红楼，有释道儒文化，有饮食、茶酒、戏曲、诗词歌赋，乃至琴棋书画。写的是贵族奢侈的生活，也有官场的风云变幻，有市井小民的辛酸无奈，更有人世的千红万紫和兴亡成毁。

令世人百转千回，眷眷难忘的唯有宝黛的爱情。黛玉本是西方灵河岸上三生石畔的一株绛珠仙草，蒙赤瑕宫神瑛侍者以甘露灌溉，便得久延岁月。受天地精华，复得雨露滋养，遂得脱却草胎木质，得换人形，修成女体。因尚未酬报灌溉之德，故其五内便郁结着一段缠绵不尽之意。

而这神瑛侍者凡心偶炽，乘此昌明太平盛世，意欲下凡造历幻缘，投身于金陵贾府。女娲补天时，遗留下一块顽石，后通灵性，动了凡心。便随神瑛侍者入世，幻化为宝玉落胎时口衔的通灵美玉。绛珠仙草念及灌溉之恩未报，决意下世为人，用一生眼泪还之。

贾宝玉和林黛玉今世重逢于金陵贾府，所为的，仅是前生那段未了的宿债尘缘。黛玉三岁时，有一癞头和尚，要化其去出家，黛玉父母不从。后癞头和尚说，既舍不得她，只怕她的病一生也不能好的。若要好时，除非从此以后总不许见哭声，除父母之外，凡有外姓亲友之人，一概不见，方可平安了此一世。

可叹黛玉自幼丧母，其外祖母怜她体弱，无人扶持，欲接去贾府照料。正因这段未了情缘，纵是山河动荡，春风失色，亦要涉水而行，与之相逢。初见时，她心中一惊："好生奇怪，倒

青埂峰僧道谈顽石

像在哪里见过一般，何等眼熟到如此！”他说：“这个妹妹我曾见过的，像是旧相识，只作远别重逢。”

她居潇湘馆，几径修竹，难掩其绝代姿容，秋水情态。他爱她弱如西施的病态之美，更爱她婉转多情的诗性之美。她一生所求，无非是为了和喜爱之人，赌书泼茶，清淡相守。若没有薛宝钗，没有那块黄金锁，没有金玉良缘之说，黛玉又是否可以依照她之心意，和宝玉终成眷属。

她住蘅芜苑，栽种香草，而她又是那香草美人，淡泊清守，端雅天然。虽有艳冠群芳之姿，却总不肯惊扰人世。她进京是为了备选才人、赞善之职，她有“好风凭借力，送我上青云”之志。她本无意于宝玉这样不慕功名，不思进取的贵族子弟，更不屑与黛玉相争。

黛玉为官宦小姐，才华惊世。宝钗是皇商之女，博学多才。一个是姿容绝代，柔弱多情，一个是高贵娇艳，任是无情也动人。她服用人参养荣丸，她则服食冷香丸。她藏书数卷，墨香漫溢，她居雪洞一般的屋舍，素简至极。

贾府里，人说她孤高自许，目无下尘，岂不知，她的世界，除了几卷诗书，便是宝玉。人说她端庄娴雅，宽容大方，却不想，她不干己事不开口，一问摇头三不知。

宝玉一生所爱，是那清水芙蓉，而非华贵牡丹。黛玉时觉寄人篱下，一草一木皆是贾府赐予。却不知，贾母待其如珍似宝，对她和对宝玉，无有分别心。贾母之心，从不倾于金玉良缘，她所疼之人，唯有大观园的两个玉儿。

贾母若早些做主，黛玉便无须对着秋风秋雨秋窗，日夜彷徨不安。一切皆有宿命，曹公在宝玉梦游太虚幻境就已安排好。普天下所有女子，都有一册薄命司，记载了她们的过去未来。

“可叹停机德，堪怜咏絮才。玉带林中挂，金簪雪里埋。”黛玉总说自己是草木人儿，无金饰和宝玉相配。宝钗有黄金锁，可宝玉却不是她命里的归宿。其实他们都尽力了，寄身于高墙大院，有许多市井百姓不可企及的富贵，亦有寻常凡人体会不到的束缚与无奈。

后来，每个人都依从了自己的宿命，去了该去的地方。病的病，死的死，走的走，散的散，回归古刹山林，流落烟花冷巷，以至于下落不明。偌大一座园林，成了断垣残壁，落叶铺洒，青苔覆盖，再不见往日风华。

金陵十二钗不见了，昨日群芳夜宴，语笑嫣然，今朝人走席散，了然无痕。红楼十二官也不见了，她们唱完最后一出戏，来不及告别，就匆匆散场。那些素日聚集于一处，喝酒看戏、斗鸡走马、携妓闲游的落败子弟，也随着繁华的府邸，一起倒塌，淹没于滚滚风尘。

渺渺红尘，漫漫河山，顿悟了便能放下。红楼里的人物，各有所执，各有所念，各有所求。老爷公子执于名利声色，王熙凤

警幻仙曲演红楼梦

执于营营利利，而那些整日闲寄于大观园的姑娘，执于春风秋月，浩荡情场。

她们在园内吟诗作赋、吃酒行令、煮茶抚琴，虚度了光阴，亦成全了岁月。潇湘馆内掩于翠竹深处的那张七弦古琴，该是落满了尘埃。蘅芜苑里的杜若萝薜，可是牵藤引蔓，穿了墙院，去了谁家。栊翠庵的红梅开了又谢，谢了又开，那年藏于地下的一瓮梅花香雪，是否还够煮一壶情茶？

当年所拥有的，亦只是一场虚无，缥缈如风。妙玉带发修行，终悟不透世间玄机，宝玉绝尘而去，又真的可以做到赤条条来去无牵挂？宝钗安分随时，自云守拙，以后漫长的寂寥时光，该如何孤独走下去？黛玉所终，反倒是真的干净，尘世再无可寄之人，无可付之心。她焚稿断痴，香消玉殒，是对人世最好的诀别。

声势煊赫的四大家族，随着那场金陵遗梦，被写成了戏文，半吟半唱，亦真亦假。一荣俱荣，一损俱损，走到最后，还有什么忘不了，放不下？秋水庭院，陌上斜阳，淡看恩怨情仇，掩去悲凉沧桑。

“陋室空堂，当年笏满床；衰草枯杨，曾为歌舞场；蛛丝儿结满雕梁，绿纱今又糊在篷窗上。说什么脂正浓、粉正香，如何两鬓又成霜……”

世间万物，有情无情，缘起缘灭，终是草草。

白落梅

目

录

卷一

盛世繁华

卷二

悲金悼玉

卷三

群芳争艳

卷四 似水流年

卷五 孽海情天

卷一 盛世繁华

万物为众生所用，非众生所有

世间万物有始有终，聚散有情，离合是缘。佛言：万般带不走，唯有业随身。也是，人存于天地间，万般风景，一草一木，为众生所用，非众生所有。

我们亦是天地间的一粒微尘，形同于某种物件，某株花木，或用来摆设，用来衬景，又或用来寄情。所有的存在，是生命的必然，亦为偶然。但终还是带着执念于世，不肯做个闲人，归去山水，归去溪云。

或执于名利，或痴于情爱，或只是忠于时光，牵附于岁月。修行之人尚有分别心，更况凡人。佛家云，万物皆空，可又有几人可以做到无情无欲，不争不扰，不闻不问？万物分明一直在，而那些装满了喜怒哀乐的人心，何曾有过空无？

东坡居士高才雅量，飘逸不羁，仍吟出："长恨此身非我有，何时忘却营营"的词句。一部红楼，浩浩荡荡成百上千的人物，每个人都有自己的执念。忘不了功名富贵，忘不了爱恨情仇，纵是居于道观的贾敬，也沉迷于炼丹，为求长生自保。而栊翠庵清修的妙玉，割舍不下尘世间那一盏情茶。

《红楼梦》开篇第四回有一张护官符，写出贾史王薛四大家族的无上尊贵。“贾不假，白玉为堂金作马。阿房宫，三百里，住不下金陵一个史。东海缺少白玉床，龙王来请金陵王。丰年好大雪，珍珠如土金如铁。”

金陵四大家族，皆联络有亲，一损皆损，一荣皆荣，扶持遮饰，俱有照应。贾母便是金陵的史家，而王夫人和王熙凤为王家，薛宝钗为皇商巨贾之女，有万贯家资，挥之不尽的珍珠金银。

如此尊贵的四大家族，钟鸣鼎食，烈火烹油，不可一世。按说，贾母应当将最钟爱的女儿贾敏，留于金陵，以便出嫁后，两家仍可以相互扶持照应，荣枯相携。可她偏偏让贾敏，远嫁扬州。而林家虽也袭过列侯，亦算开国元勋之后，但到林如海之时，业经五世，林如海必须以科第出身，方能做官。

林如海乃前科探花，是个饱读诗书的儒雅之士，林家虽不及金陵四大家族那般鼎盛，却也是书香之族，名门之后。四大家族兴盛不衰，然高门大院里，却不乏落败子弟。他们许多都是像贾珍、贾琏、薛蟠之辈，终日斗鸡走马，游山玩水，会酒观花，聚赌嫖娼。这样的子弟，又岂能入贾母的眼目？

贾敏之才，或许不及林黛玉那般绝代惊世，却也是饱读诗书，姿容出尘的侯门小姐。贾雨村言："我这女学生言语举止另是一样，不与近日女子相同，度其母必不凡，方得其女。"贾敏之不凡，应当不是薛宝钗那般举止端庄，成熟稳重的，而是有着诗性气质，知书达理的才女。

这样一位才情不凡的公侯小姐，贾母最为疼爱之人，断不能为了富贵，嫁给庸俗泛泛之辈，误其一生。贾母为诗礼簪缨之族的贵夫人，她喜享乐，于吃穿皆有讲究，爱吃酒行令，对戏曲文化，颇有深究。这样的人物，亦不肯随了俗流，她本高枝，又何须攀附于谁？

书中曾借张道士为宝玉提亲之事，表达了贾母对宝玉择偶的条件。 贾母道："上回有和尚说了，这孩子命里不该早娶，等再大一大儿再定罢。你可如今打听着，不管他根基富贵，只要模样配得上就好，来告诉我。便是那家子穷，不过给他几两银子罢了。只是模样性格儿难得好的。"

"不管他根基富贵，只要模样配得上就好。"可见，贾母并非庸俗之人，她对宝玉的配偶存如此心思，当年对贾敏亦当如是。林如海乃前科探花，俊朗儒雅，文采风流，家族根基又好，这样翩翩少年郎，如何可以轻易错过？

贾敏嫁去扬州，贾母纵有千般不舍，但为了这段良缘，她愿割舍母女之情。《诗经》有云："琴瑟在御，莫不静好。"说的该是林如海和贾敏的感情，他们婚后，夫妻恩爱，于江南风雅之地，相游山水，灯下读书，不尽缱绻温柔。

所遗憾的是，贾敏嫁至林家，多年无子嗣。后终被上苍眷顾，生下了一位非俗胎凡骨的女儿林黛玉。林黛玉聪慧灵秀，被林如海和贾敏，视若珍宝。奈何天生体弱，从会吃饮食时便吃药，从未间断。

林家虽无金陵四大家族之显赫，却也世代袭侯，亦是名门，家业自当殷实富庶。林如海在林黛玉去荣国府前一年被钦点为巡盐御史，在朝为官，俸禄丰厚。林家支庶不盛，子孙有限，虽有几门，却与如海俱是堂族而已，没甚亲支嫡派的。

林如海乃读书君子，为官端正，素日亦不结交酒肉朋友，更不会赌博嫖妓。他的家业，不经浮沉，宅地良田以及金银积蓄，不被挥霍，自是不会遭遇大的动荡。况贾敏出嫁时，贾母定当给她备好了丰厚的嫁妆，安排好其花费不尽的银钱和金玉。

刘姥姥初游大观园

满箱的金银珠宝，绫罗绸缎，随着远嫁的船只，带去了扬州林家。后来，贾敏去世，林如海对行将去往金陵贾府的林黛玉说：“汝父年将半百，再无续室之意。”几年后，林如海又病逝，那么林家的万贯家财去了何处？林黛玉无父母兄弟，无亲无故，林家的所有财产，应当独她一人继承。

贾母命贾琏带随林黛玉同送林如海灵柩到姑苏，仍叫带回来。林黛玉此番之后，便再未归去，林家的财产难道没有随黛玉一同带至贾府吗？不然，林如海亡故，除了黛玉，可谓后继无人。那么多的家产，竟是下落不明？

贾府虽不屑于林家的家产，黛玉寄居贾府，吃穿用度亦是锦绣如织。贾母对黛玉的恩宠，不输于贾府任何一个人，她又何曾忍心黛玉受任何委屈。黛玉于贾府数载，成日感叹寄人篱下之悲戚，感叹其一草一木，皆贾府赐予，而非自家带去。

黛玉曾对宝钗道：“你如何比我？你又有母亲，又有哥哥，这里又有买卖地土，家里又仍旧有房有地。你不过是亲戚的情分，白住了这里，一应大小事情，又不沾他们一文半个，要走就走了。我是一无所有，吃穿用度，一草一纸，皆是和他们家的姑娘一样，那起小人岂有不多嫌的。”

一无所有，一草一纸，都是别人施舍。名门之后，诗书之家，怎会落魄到一无所有的境地？纵是父母双亡，亦有家宅祖业，良田数亩，藏书万卷，金银数箱，缘何会如黛玉所说的这样，吃穿用度，皆非己有？

那日，紫娟哄骗宝玉，林黛玉要归去姑苏，宝玉伤心犯病。贾母为了安慰宝玉，竟说："那不是林家的人，林家的人都死绝了，没人来接他的，你只放心罢。"贾母如此着急，亦非对林家诅咒，或许于她心里，林黛玉早已是贾府之人，是其生命里不可缺少的亲人。

自林黛玉入贾府后，贾母便没打算再让她回去。对黛玉万般怜爱，寝食起居，全随宝玉，其余几位亲孙女靠后，宝玉和黛玉，亦是同行同坐，同息同止。素日里，对黛玉关心爱护，吃穿用度皆是极好的。潇湘馆里笔墨书籍一应俱全，居处所需，亦是细致入微。

贾母之心，一直偏黛玉，而疏宝钗。她从不认可金玉良缘，在贾府众人的心里，都知林姑娘是贾母内定给宝玉的人。王熙凤说："既吃了我们家的茶，怎么还不给我们家做媳妇？"王熙凤是最知贾母心意之人，她平日经常当众撮合宝黛，意味着其亦否定金玉一说。

有一次宝黛闹别扭，贾母着急抱怨道："我这老冤家是那世里的孽障，偏生遇见了这么两个不省事的小冤家，没有一天不叫我操心。真是俗语说的，'不是冤家不聚头'。"就连宝黛听罢，亦是柔肠百结，悲喜交加。小冤家俗称感情极深又时常吵闹的小夫妻，贾母以此称呼宝黛，可见其心里对他们感情的认可。

世事难测，沉浮有定，贾母看尽风云变迁，亦不会不懂盛极必衰之理。她尚且来不及安排宝黛的婚事，贾府已日渐沉落，之后的

林黛玉卧病潇湘馆

一切，已经不在她掌控之内。更况其年事已高，面对家族之兴盛荣辱，对黛玉已是力不从心。

黛玉病入膏肓，最为心痛之人，莫过于贾母。她说，这样的人家，断不能生这样的病，若是单纯的病，花多少银两她都是舍得的。可是贾母不知，黛玉的病，难道不是她一直纵容的么？她让宝黛二人，亲密无间，给了黛玉无限的希望，到最后又无情地夺走。她的无意，却令黛玉魂归离恨天，她不知，世间有一种爱，叫生死相随。

她是精明一生，糊涂一时。以为掌控了贾府一切，没奈何，也逃脱不了宿命。她对不住爱女贾敏，对不住疼了数年的林黛玉，亦对不住贾宝玉。贾母岂会不知，她最疼的两个玉儿之心思，她顺应了金玉良缘，就意味要辜负宝玉和黛玉。

人生的福分，是修来的。贾母洞悉人生，她本想着，安享天年，含饴弄孙。家族败落，她所爱之人，死的死，病的病，走的走，散的散。贾府沦陷，贾母将其一生积蓄拿出，数十箱的金银珠宝，亦够后辈平安度日。

林家的家产，想必亦随着贾府的没落，而随风散尽。富贵显赫的贾府，虽不屑于林家的家业，但是贾母为了黛玉，亦会为其珍藏所有。林黛玉总说自己是草木人儿，寄人篱下，她不知，贾母内心认同了她，更安排好她未来的一切。

精明的贾母，又怎会让嫡亲的外孙女家产落入他人之手，又怎舍得将天生体弱的黛玉，嫁给那些落败公子，凭人欺负？否则，这么多年的宠爱，都白疼了么？她一生寄托，一生所爱，到最后，莫过于宝黛二人了。可最后，亦是她亲手将之毁灭。

千年大厦，只消一个朝夕，便逝如烟尘。薛宝钗守着珍珠如土金如铁的家业，又得到了什么？林黛玉说自己一无所有，可她素日吃穿用度，又输于谁？

一损皆损，一荣皆荣，曾经不可一世的四大家族，繁盛于金陵，淹没于金陵。当一切都散尽，谁还去顾及那满箱珠宝，王侯之位？

世间一切，为众生所用，非众生所有。别去问，万贯家财去了哪里，尘世间，本无尊卑之分。荣也一生，辱也一生，富也一生，贫也一生。

古今将相在何方？荒冢一堆草没了。

为什么，在红楼这座无情道场修行

不知从何时开始，世人皆喜爱一句话：人生是一场修行，爱是一场修行。是，红尘是修行的道场，这个道场浩荡纷繁，能够修成正果的人不多。许多人都是匆忙草草地过完一生，辞别之时，甚至连一个完整的故事都没有。而修成正果的人，亦不过是在离开时，少一些遗憾，了却尘世债约。

《红楼梦》是一座修行道场，一座无情的道场。贾府里的男女老幼、大小主仆皆在梦里修行。他们视红楼为名利场，亦是风月场，是那些败落公子，吃酒玩乐之所，也是红楼女儿，闺阁筑梦之地。他们在属于自己的院落修行，或沉迷酒色，或执于诗文，或落入情海，又或仅仅只是修行。妙玉在栊翠庵，李纨在她的稻香村，不参与贾府纷争，亦为修道。

时光无情，时光亦解梦。红楼是一场梦，又非梦，它假亦真时真亦假。富贵如烟云，繁华若秋水，万般美好稍纵即逝，像梦一般的迷幻凄迷。《红楼梦》乃作者曹雪芹虚构的一部长篇小说，其间的人物与故事，出处和场所，却和现实有所印证。红楼便是红尘，红尘即道场，他们在红楼里修行，我们于红尘中修行，相望相安，无有差别。

《红楼梦》，本是一部描写青春的小说，却隐藏了太多人生世味，有悲壮，亦有苍凉，是沧海，亦是桑田。翻开书卷，便见花柳繁华，草木葱茏，在没落之前，整个贾府皆是风云鼎盛。随处可见的春光，灯火如云的月夜，弥漫了整个府邸。就连饮酒作乐，奢靡无度，亦那般生动明媚。

大观园里，有着遮掩不尽的春光，姹紫嫣红开遍，良辰美景奈何天。纵是秋雨绵绵，孤影寒灯，晨起时，依旧会有潋滟秋阳，涤荡尘世一切薄冷。冬日里漫天飞雪，玉树琼枝，唯见许多妙龄女子，聚集于芦雪庵烤肉吃茶，折梅饮酒，有盛世喜乐之光景。

大观园也是一座情场，是给红楼女儿做梦之所，她们用最美的年华交换。在属于自己的轩落里，赏花弄草，吟咏诗词，尽情地挥霍光阴。她们亦有许多无由的烦恼，以及难以消遣的情绪，但大观园始终给她们遮风避雨，免去世态浇漓。

这是一群终日无所事事的少男少女，不懂名利交织，不问尘寰消长，不解人间离恨。他们聚之一处，花前嬉戏，行令作诗，赌书泼茶。斜阳庭院，似水流年，看罢花开花落，月圆月缺，不曾得到什么，输掉的，亦不过是青春。

王熙凤在她的名利场奔波忙碌，虽位高权重，却亦不能潇洒自如。贾府里的大小事务，皆由其亲自料理，上至老太太，老爷太太，下至丫鬟小厮。尤其是大观园里的宝玉，以及那些娇柔的姑娘，她更要照顾到无微不至。这些人，皆是大观园里的主角，她不能轻易得罪。王熙凤看似掌控贾府风云，实则一直在为他人作嫁衣裳。

王熙凤对贾母逢迎，事事讨其欢心，为她张罗好一切。对太太毕恭毕敬，不敢有丝毫怠慢，凡事做到尽善尽美。对宝玉和黛玉，更为珍视，她深知，宝黛二人是老太太最为宠爱的小辈。但凡宝玉和黛玉所缺需的，她都做到周全，他们之间几番吵闹，亦是凤姐去宽解。王熙凤是贾母最为信赖，甚至依靠的人，而凤姐为了取悦贾母，也是倾心相待。

然贾府就是一座无情道场，王熙凤没能如愿以偿，她或许也得到过别人虚情的尊重，假意的顺从。她虽步步为营，机关算尽，只

王熙凤协理宁国府

是每走一步，皆是沟壑险滩。她收获的，未必有付出的那么多。

她的日子，无清闲舒适，就连躺于病榻上，还要想着如何打理贾府事务。所谓高处不胜寒，她怕一丝错误，让其失去了在府中的地位和权力。她不是无情之人，却被迫要做无情之事。最后这座无情道场将其葬送，凤姐没能修成正果，落得机关算尽，反误了卿卿性命。

大观园是林黛玉的情场，她是那多情且深情又伤情的女子。她来贾府，是为了还清前世欠下的债约，故她初见宝玉，便如旧相识。之后他们青梅竹马，两小无猜，彼此暗生情愫，交付真心。若非宝玉和宝钗的那段金玉良缘之说，黛玉亦不会落下心病。之后，她的眼泪再也没有停止过。

黛玉在贾府的地位，并非是她自己所说的那般，草木之人。自她步入贾府的那一瞬间，贾母便对其万般宠爱，呵护备至，虽说寄人篱下，却过着养尊处优的生活。贾府里的每一个人，对她都尊重，多少人赏其容貌，爱其才情，更爱她冰洁超脱的诗心。

可黛玉仍旧生出“风刀霜剑严相逼”的感叹，依旧吟咏“侬今葬花人笑痴，他年葬侬知是谁”的悲凉诗句。她的感伤与凄凉，并非是举目无亲，她所有的伤痛，皆因情而起。是这段不知未来，飘忽不定的情缘，让她终日惶恐不安，让她成为大观园里最多愁多病的女子。

倘若无有世俗羁绊，黛玉和宝玉来一场甜蜜的爱恋，她又岂会在无数个夜晚，泪染湘竹？黛玉内心所有的伤，皆为了这段情，她不能安心啊。如果贾母早早为她做主 ，将其许配给宝玉，她悲剧的结局也许会被改写。但一切因果已定，就算她如何修炼，容颜绝代，才华惊世，亦不能如愿以偿。

成熟稳妥的薛宝钗，对于人间情事，无有黛玉这般敏感。也许，薛宝钗所要的，不是儿女情长，她说好风凭借力，送我上青云。她的初衷，是要进宫选秀，做一个像元春一样的皇妃。她的才貌品德，以及她的端庄贤惠，亦适合进宫竞选。但她的梦，尚未开始，便因了莫名的缘由而止息了。

林黛玉输了，输给了薛宝钗。她在潇湘馆修炼了十多个春秋，最终没有得到她的爱情，她深爱的男子，娶了别的女子。当初她为金玉良缘之说，和宝玉多次拌嘴，宝玉说她多疑，贾府里每个人都说她过于孤高，性子不及宝钗随和。后来方明白，她是醒透的女子，她未卜先知，只是无法掌控自己的命运。只能终日忍受情感的熬煎，在潇湘馆里，过着凄风苦雨的寂寥日子。

尽管黛玉也有快乐，结社吟诗，行令对句，是她最为喜爱之事。但这些快乐，抵消不了她的悲伤。她的心病，无药可医治，当她误以为贾母为其做主，即将成为宝玉的妻时，经年老病于刹那间烟消云散，整个人脱胎换骨。但事与愿违，宝玉娶了宝钗，她心如槁木，焚稿断痴，香消玉殒。

薛宝钗也输了，她得到了贾宝玉，却还是一个输者。在宝玉的心里，永远住着一个林黛玉，他一生，都将哀悼那段木石姻缘。他是一个叛逆者，不同俗流，不安于现状，断然不会爱上像薛宝钗这样循规蹈矩的女子。他爱黛玉的灵气，爱她与众人不同的心肠，爱她诗性的气质。

也许宝钗并不屑于像宝玉这样不求上进的男子，可当她进宫的梦破碎之后，别无选择。宝玉成了宝钗唯一的筹码，她依靠他，得了一个贾府二少奶奶的身份。这只是一个虚名，失去黛玉的宝玉，是一具行尸走肉。更况这时的贾府，再不见当年的风华鼎盛，只是一个没落的家族，剩下一个空壳，支撑着摇摇欲坠的江山。

大观园亦非宝钗所要的修行道场，她只是贾府的一个过客，她甚至不屑于这里的一草一木。只是当她踏入贾府的那一刻，便注定与此纠缠不清，注定无法抽身自保。她不甘凡庸，却力不从心，对编排好的命运，亦只能妥协。宝玉走了，他为了黛玉，出家做了和尚，选择了赤条条来去无牵挂。宝钗只能守着一个虚无的名分，悲情寂寞地过完余生。

槛外人妙玉，于栊翠庵里修行，虽处花柳繁华地，却不与世同。他们饮宴聚会，结诗社，妙玉皆不曾参与。她每日青灯古佛，于庵庙里静心坐禅，饮一盏无有世味的茶。于世人眼中，妙玉是一个高洁之人，众人皆醉，唯她独醒。可她真的清醒么？若没有她对宝玉，那段隐藏于心的情缘，她该是醒透的。

妙玉本是仕宦小姐，因自幼多病，便皈依佛门，带发修行。又为睹观音遗迹和贝叶遗文，随师从苏州到了京城，被请进贾府的大观园，入住栊翠庵。她素日只守着自己那片净土，与人无尤，而贾府的人，对其亦尊重。她深居简出，偶尔到惜春住处，与她下棋。她自视清高，不落尘泥，其他人的居所，她皆不寻访。

大观园太过喧闹，太过繁芜，并不适合清修。这座无情道场，最后粉碎了她所有的梦。贾府轰然倒塌，她亦不幸落入贼寇之手，弄得不知所踪。这位洁若莲花的女子，以为禅坐蒲团，对着古佛，便能寻到最终的依靠。却不知，这座看似繁华浩大的府邸，比红尘还要纷乱肮脏，又如何给得起，她要的美好与清宁？

他们用一生的光阴在这里下注，输了青春，赔了岁月。倘若大观园是一座有情道场，处处莲花绽放，菩提花开，这里的人，是否真的都能修得正果，是否真的圆满？人生当是荣枯有定，聚散随缘，待到来世，放生池畔相见，又何必在乎谁又早些，谁又太迟。

都说爱像云，因为自在漂浮，才能美丽。亦不知从何时开始，世人爱上了残缺而虚幻的美，故《红楼梦》会成为一部令众生痴迷的名著。它飘忽若梦，只是这个梦，让人一旦走进去，便一生一世不愿醒转，亦不能醒转。

吾有情，故吾有碍。有情之人，在无情之地修行，亦无法更改结局。有词《寄生草》：赤条条来去无牵挂，哪里讨，烟蓑雨笠卷单行。一任俺，芒鞋破钵随缘化。

人生有情，是时光要你我下注

有人说，红楼就是一场虚幻缥缈的梦，所以梦中的一切都是假的。不仅名利富贵是假的，就连人与人之间的情义亦都是假的。那些看似有情的人，实则无情，看似重义的人，实则无义。

也许红楼真的只是曹雪芹在落魄时所做的一场梦，但是梦中一切场景，在现实里都曾出现过。《红楼梦》里的每一个人，就是现实中的我们，在如镜的岁月里，谁都没有权利批判别人的真伪。

总是听人说，贾母是个虚情的老太太，她对黛玉，并非是真的疼惜。否则不会在黛玉最需要她的时候，无情地离开，甚至在背后伤害于她。只是贾母真的不爱黛玉吗？当贾宝玉丢了通灵宝玉，得了相思病，疯疯傻傻时，贾母便急着为他操办婚事。这时的贾母，没有将宝玉和黛玉搁置于一处，却让这一对有情人分开。

贾母说了这么一句话："林丫头的乖癖，虽也是他的好处，我的心里不把林丫头配他，也是为这点子。况且林丫头这样虚弱，恐

失宝玉通灵知奇祸

不是有寿的。”她相中的是宝钗，“只是宝丫头最妥”。这时林黛玉躺在潇湘馆的病榻上，已经奄奄一息。如果贾母真爱黛玉，会在此时对她不管不顾吗？可如果贾母不爱黛玉，那之前对她的种种关爱，又是什么？

贾母怎么会不爱黛玉，她曾说过：“我的这些儿女，所疼者独你母亲，偏她早我而去……”贾敏当年远嫁，之后回家省亲的日子，想来不会太多。她的离世，一定令贾母痛彻心扉。如今看到黛玉，贾母自然会将对贾敏的爱，全部付诸在她的身上。黛玉第一次进贾府，贾母将她搂入怀中，“心肝儿肉”叫着大哭起来。

之后贾母对黛玉更是无微不至的关照，吃住皆与宝玉相同，对其疼爱胜过了贾府的几位小姐。因为怜惜黛玉，特将她和宝玉住在一块，自此贾府的人，知道了老太太对黛玉的偏爱之心。所以在贾府，都知黛玉性情孤傲，却无人敢对她造次，她是贾母的心肝宝贝，谁敢对她不尊重？

黛玉初进贾府，贾母见她体弱，得知她服用人参养荣丸，立即命人配一份给她送去。每次贾府聚宴，贾母左右两边坐的都是宝玉和黛玉。贾母说过，最疼爱的人是两个玉儿，还有凤姐。而她对宝玉和黛玉的爱，出于肺腑，乃真情流露。对凤姐的疼爱，是因为凤姐对她一直逢迎，处处知她心意，令其愉悦舒心。

整部书中，有关贾母疼爱黛玉之处，不胜枚举。平日里，时常听到贾母对人提起，两个玉儿，如此亲密称唤，亦只有宝黛，才能得到她的恩宠。第二十九回中，林黛玉和贾宝玉因为金玉之说而拌嘴，黛玉一气之下，铰了她送给宝玉的玉穗子。

二人为此大闹一场，那边贾母听后，气得直抱怨："我这老冤家，是那一世里造下的孽障？偏偏儿的遇见了这么两个不懂事的小冤家儿，没有一天不叫我操心！真真的是俗语儿说的，'不是冤家不聚头'了。几时我闭了眼，断了这口气，任凭你们两个冤家闹上天去，我'眼不见，心不烦'，也就罢了。偏又不咽这口气！"自己抱怨着，也哭起来了。

看似寻常的一段话，足以证明贾母对黛玉宠爱至极。于贾母心里，黛玉和宝玉一样的重要，这对小冤家，是她的心头肉，任何时候，都不可分割。他们之间，无论谁有个差错闪失，贾母皆会牵肠挂肚。

后来宝玉因为玉穗子被黛玉铰碎，袭人让湘云为宝玉重做一个。

湘云说，谁铰的让谁做去。而袭人却忙说，可不敢叫林姑娘做，因老太太疼她，平日里从不让她做这些活。那个玉穗子，费了好几个月方做完。可见贾母对黛玉是真的宠爱，素日里事事对其关心备至，呵护有加。

贾母与众人逛大观园，来到潇湘馆，见黛玉窗纱的颜色旧了，忙命人换上她认可的颜色。携刘姥姥逛园子，至黛玉处，刘姥姥说比上等书房还精致。可见贾母知黛玉是个喜爱诗书的才女，故对她的住处，会比一般姑娘更费心思。

贾母知黛玉体弱多病，时常会命人给她送去私房钱，恩宠于她。有一次宝玉的丫鬟佳蕙送茶叶去给黛玉，正值贾母命人送钱去，黛玉随手抓了一把给她。贾府的太太小姐的月例钱，都是由凤姐发放，所以贾母命人送去的钱，则是她另外给黛玉的零用钱。

黛玉多病，平时只要一病，贾母必定亲自去探望。需要什么名贵药材，请哪里的郎中，都妥善为她安排。宝玉向贾母提起黛玉吃燕窝的事，贾母知道后，立即知会了凤姐，于是每天都有人送燕窝去潇湘馆。

有一日宴会后放烟花，贾母知黛玉娇弱，禁不起那响声，忙将她搂至怀中，无比溺爱。那日湘云做东吃螃蟹赏秋桂，贾母临走时，还不忘关照黛玉不可多吃。在贾母心里，她时刻关怀着这位柔弱的外孙女，生怕贾府里的人，对她有丝毫的怠慢，生怕寄人篱下的她，有孤独无依之感。

贾母对黛玉的爱，不落于宝玉。一次筵席散后，她命人将一碗笋和一盘风腌果子狸给颦儿宝玉两个吃。在她心里，宝玉和黛玉都是她嫡亲血脉，一样重要，一样疼爱。贾母当初接黛玉到贾府，便打算用爱一直温暖于她，不辜负其女儿贾敏的托付。故宝玉和黛玉的亲事，她必定亲自做主，方可安心。

当凤姐第一次开宝黛的玩笑，问黛玉既吃了我们的茶，为什么不给我们做媳妇的时候。众人心里，几乎都明白，贾母存这样的心思。凤姐是最解贾母心意之人，所以才会说出这样的玩笑话。林黛玉躺在病榻上时，曾听见侍书跟雪雁说宝玉与知府定亲的事取消了。“老太太心里早有了人，就在咱们园子里的……老太太总是要亲上作亲的，凭谁来说亲，横竖不中用！”

在贾母心里，一直不认可金玉良缘，她认为宝玉和黛玉是天造地

潇湘馆春困发幽情　哄宝玉薛蟠做生辰

设的一对。她亦一直存有亲上加亲的念头，只是觉得他们年龄尚幼，不必太过着急。她至爱宝玉，宠溺黛玉，这一对小冤家，若聚在一起，必定会圆满幸福。可贾母到后来，为何要拆散他们的幸福？要让一对生死情人，劳燕分飞呢？

大概是因为贾宝玉和林黛玉太相爱了吧。贾母是一个封建传统的老太太，她一心维护贾府的兴盛。尽管，她素日喜闹腾，亦赞同她们聚集一处吟诗作赋，吃酒行令。但她说过，像他们这样的大户人家，最容不得的是儿女私情。当她得知，黛玉为宝玉得了相思病，宝玉又为黛玉痴傻时，心中生出惶恐。她怕这对小儿女，因情字而误了终身，害怕他们的私事，影响到贾府的声誉。

这时贾母急着为宝玉相亲，不是因为她不爱黛玉，而是明白亲疏有序的道理。先为宝玉提亲，再为黛玉筹嫁，只是不允许他们在一处，怕他们情难自拔，生出事端。贾母听了凤姐的偷梁换柱之计，答应让宝玉娶宝钗。事实上，贾母比任何人都明白，宝钗确实比林黛玉更适合做贾府的二少奶奶。

贾母也许不知，宝玉和黛玉早已情根深种。只以为他们两小无猜，心生情意，纵是将他们分开，亦不会有多么严重的后果。又或许她知道，这样偷梁换柱的计谋，是一场必输的赌注。但为了宝黛的幸福，她愿意赔上所有的筹码。她又何曾没想过，将会付出怎样的代价。

当初紫鹃的一句玩笑，说黛玉要归家去，宝玉为此痴傻疯癫，几乎死去。如今偷梁换柱，他又如何受得了？宝玉对黛玉之痴心，不仅是贾母，甚至是王夫人、王熙凤还有薛宝钗，都看得清清楚楚。但她们没有谁愿意为黛玉说一句话，又或者，没有谁做得了主。世态逼人，纵是恩宠宝黛的贾母，于婚姻大事上，亦不能让他们随心所欲。

棋错一步，满盘皆输。贾母的赌注输了，因为她的决定，林黛玉死了，贾宝玉成了行尸走肉。当黛玉得知宝玉娶的是宝钗时，她万念俱灰，往日如泉涌的泪水却已干涸。她焚烧了旧稿，在一个风雨之夜含恨离世。而宝玉揭开盖头，看到自己多年的美梦，于瞬间破碎，从此再也没有清醒。

他哭道："我要死了！我有一句心里的话，只求你回明老太太：横竖林妹妹也是要死的，我如今也不能保，两处两个病人，都要死的。死了越发难张罗，不如腾一处空房子，趁早把我和林妹妹两个抬在那里，活着也好一处医治、服侍，死了也好一处停放。你依我这话，不枉了几年的情分。"

贾母听到这话有多心痛，可是大错铸成，已然不能改变。如果贾母知道她的决策，会换取这样的结果，她是否会愿意为了她心爱的两个玉儿而改变？在她眼里，两个玉儿体弱多病，倘若再为情伤，二人结合在一起，必定不能走得久远。可是她没想到，此番狠心的拆散，他们竟是无路可走。

黛玉和宝玉的悲剧，早在前生就已经注定，今生以惨淡的结局收场，亦是必然。他们的离散，无关任何人，所以贾母没有错，王夫人也没有错，凤姐亦无错。黛玉死了，将遗憾留给活着的人，她虽含恨带怨而死，却未尝不是一种解脱。

记得贾母得知黛玉咳血，曾老泪纵横，哭喊道："倘若林丫头有什么不测，我也不活了。"难道这还不足以证明贾母对黛玉的爱吗？黛玉自进贾府的那一日起，贾母就将贾敏托付给她的重任放在心上，她对黛玉的爱，除了宝玉，整个大观园无人能及。

就是这样一份爱，让黛玉虽寄居贾府，却从未受过真正的委屈。她所谓的风刀霜剑，实则是锦衣玉食；她的孤苦无依，实则是千恩万宠。而慈悲的我们，又怎么会认为，这位年迈的老祖母，对黛玉的爱都是虚情假意的呢？

黛玉是真的解脱了，她死后，整个贾府亦随之败落。像她这样一位洁净无尘的女子，如何禁受得起那些侮辱，所以她的死，是上苍对她的另一种眷顾。没有谁能和时间做对，与命运抗争，无论过程是悲是喜，是长是短，都会过去，都会。

了断宿债，不留遗恨在人间

初夏的清晨，带着一种不与世争的清凉。那些沐过细雨微风之人，再不敢生出浮躁的理由。一夜的雨，白荷、茉莉、栀子皆已盛开。洁净醒目的白，摇曳于绿叶间，自有飘逸出尘之美。

记得林黛玉说过，她不喜李商隐的诗，却独爱他诗中一句："留得残荷听雨声"。雨打残荷之境，千百年来，令人痴迷神往。浮生如梦，那位宛若出水芙蓉的潇湘妃子，已不知魂寄何处，归去何方。

但凡读过红楼的人，都知林黛玉是含恨而死。她不恨多年宠爱于她，却在紧要关头忽视她的贾母；不恨机关算尽，偷梁换柱将她出卖的王熙凤；不恨素日里姐妹相称，在最后夺了她心上人的薛宝钗；偏偏恨一生至爱于她，为之魂牵梦萦的宝玉。

黛玉认为是宝玉辜负了她，是宝玉亲手将她华丽的梦彻底粉碎。黛玉不知，这原本就是一场戏，而戏的背后，是别人在操纵他们的命运。贾宝玉亦只是一颗棋子，对真相一无所知，他甚至比黛玉更为可悲。

黛玉形容憔悴，躺在潇湘馆的病榻上，万念俱灰时，留下一句不完整的遗言“宝玉、宝玉，你好……”之后，浑身冷汗，气若游丝，最后一点余温亦消失殆尽。她是带着怨恨离世的，她恨宝玉不守信诺，恨宝玉太过心狠，将往日海誓山盟抛掷脑后。多年情分，就在她闭上眼睛的那个瞬间，一笔勾销。

她不知，她误解了宝玉，其实被谎言欺骗，被人摆弄的人是宝玉。他丢了通灵玉，病得七零八落时，老祖宗给他做主，让他娶素日朝思暮想的林妹妹。刹那间，病好了，也不痴了，整个人神清气爽，等着做他的新郎官。可他不知，凤冠霞帔里的美人不是林妹妹，而是那个他敬重却全无爱意的宝姐姐。宝玉平日里，最怕人提及金玉良缘，在他心里，只信木石姻缘。

林黛玉之所以深爱贾宝玉，是因为他虽处温柔富贵乡，却不喜奢华，不流世俗。金玉于他眼中，不过是富贵人家用来炫耀身份的浊物，而草木岩石则蕴含了天地灵气，是他所钟情之物。亦因此，贾宝玉会爱上姿容绝代的林黛玉，她是个天然无雕饰的女子，任何时候，都如一朵洁白的芙蓉，冰清玉洁，不染纤尘。

宝玉和黛玉是一见钟情，彼此在清澈的眼神中，看到了洁净的内心。他们亦是一见如故，初见时便觉远别重逢，有似曾相识之感。自黛玉进贾府后，便和宝玉同吃同住，两小无猜，他们之间的情谊，比任何人都要深重。

西厢记妙词通戏语

后来一起葬花，一起读《西厢记》，一起在幽清雅致的潇湘馆，诉说衷肠。贾宝玉无论于人前人后，一颗心都偏向黛玉，认她为此生唯一的知己。黛玉不会和其他人一样，叫他读八股文，走功名之道，从不说混账话。就连宝玉挨打时，还不忘宽慰林黛玉，让她安心，纵算为那些人死了，都甘愿。

一直以来，贾宝玉深知林黛玉对他的痴心。而冰雪聪明，比宝玉更有灵性和慧根的黛玉，难道就不明白他对她之心意吗？或者说，她知宝玉对她的情义，只是骄傲和自卑，时常会提醒她的身份。原本是天生地造的一对，为何偏偏来了一个戴着黄金锁的薛宝钗，而她又是那么出类拔萃，深得人心。林黛玉的怅然心事，其实是在薛宝钗到来之后，方开始郁积的。

尽管宝玉无数次让她安心，无数次指天盟誓，不理会金玉良缘，只信木石姻缘。也许黛玉信了，可她还是怕，那些个风声雨声的夜里，她在潇湘馆辗转不眠。大户人家，最忌讳的就是相思病，她得了这种病，不敢与人提及。

唯一知冷知暖的人，是与她情同姐妹的紫鹃。可紫鹃毕竟只是个小丫鬟，纵是知晓她万千柔肠，亦不能为她做主。而贾宝玉跟她患了相同的病，又如何敢轻易与人言说，只能陪着她一起，时好时病，患得患失。

林黛玉带着无限离恨，无限惆怅，辞别这令之百转千回的烟火人间。她亦不愿相信，贾府里唯一的知己，今生唯一深爱的男人，会如此将她抛掷。但纵是聪慧如她，又怎能猜测出王熙凤等人的计谋。又或者说，她根本就不会相信，待自己如心肝宝贝的外祖母，会和别人串通好来欺骗她。她的心冰洁无尘，不愿意那些肮脏丑陋之事，与自己有任何关联。

黛玉被迷惑了，她宁可相信是宝玉背叛了他，亦不肯相信这世上竟有那么多冷酷之人，将污浊的计谋，落于她身。无奈之下，她将郁积心中的怨恨，都加在宝玉身上。也许绝顶聪明的黛玉，比谁都活得清醒，她知道，她和宝玉都做了别人的棋子。但她没有办法，挣脱不了这被捆绑的宿命，只好让自己彻底解脱。

当黛玉从傻大姐那里得知，宝玉要娶的二少奶奶是宝钗时，便打算用死亡的方式，为爱情做最后的告别。她跌跌撞撞去了怡红院，见到了半痴半傻的贾宝玉，彼此四目相看，带着无法诠释的笑意与迷茫。

黛玉问宝玉因何而病，宝玉说为妹妹而病，黛玉无言微笑，之后转身离开。迈出怡红院，就口吐鲜血，整个人几乎死了大半。这是他们最后一次相见，之后黛玉魂归离恨天，宝玉阴差阳错娶了薛宝钗。

或许之前黛玉有迷失津渡，她得知真相后，去往怡红院，找宝玉问个明白。那时的宝玉依然一口咬定是为妹妹而病，他眼神中流露的欢喜与爱意，是骗不了人的。那一瞬间，黛玉明白，这一切真的与宝玉无关，他们都做了这个权贵家族的殉葬品。所以黛玉走出怡红院，之后便绝食，因为她没打算继续活下去。

林黛玉知道贾府已无净土，她临死前对紫鹃说：“妹妹！我这里并没亲人。我的身子是干净的，你好歹叫他们送我回去！”她想家了，想念扬州，尽管那里没有亲人，但她希望自己魂归故里，亦算是落叶归根。好过搁置在这肮脏之地，被人耽搁，被人糟蹋。

她总算明白，这么多年，一直都是寄宿于别人檐下，从来没有真正推开这富贵人家那道深锁的重门。大观园不过是她青春的驿站，潇湘馆是一叶收留她的小舟，如今她要返回故里，那烟水迷离，风光无际的江南，与这座繁华又虚幻的金陵城诀别。

林黛玉究竟是为什么而死的？为爱情而死，因泪尽而亡。李纨探视她时，她已不能言语，“只眼皮嘴唇微有动意，口内尚有出入之息，却一句话一点泪也没有了。”一直以泪相伴的林黛玉，临死时，再也流不出一滴眼泪了。她的泪早已流尽，心亦枯竭，也因为她人间的债还清了，所以不需要再有任何无趣的纠缠。

黛玉是三生石畔一株绛珠仙草，下凡到人间还一段泪债的。“受天地精华，复得雨露滋养，遂得脱却草胎木质，得换人形，仅修成个女体，终日游于离恨天外，饥则食蜜青果为膳，渴则饮灌愁海水为汤。只因尚未酬报灌溉之德，故其五内便郁结着一段缠绵不尽之意。”

黛玉自出生，就有不同于别人的婉转柔肠，一切皆因她不是凡人。她带着使命来到人间，还神瑛侍者前世灌溉之恩，泪尽之时，便是债约了却之日。所以就算王熙凤不想出偷梁换柱之计谋，就算让她好梦成真，嫁给了宝玉，她亦无福消受。她为还泪而来，将一生的眼泪流尽，就要即刻离开，不允许有任何的耽搁与逗留。

既是还清宿债，了断前因，就该含笑离去，又如何会怀恨而死？林黛玉之死，其实是一种解脱，因为只要她活着一日，便要还泪一天。更况她死的时候，贾府虽有衰败之象，但终究还是鼎盛之时。黛玉死后不久，整座贾府轰然倒塌，所有的人，都没有逃过那场劫数。唯黛玉清白而去，未曾遭受那样的侮辱，这于她来说，又何尝不是一种幸运？

人生这场盛宴，终有散场之时，早晚而已。与其在人间受辱，莫如趁早离别，不至于让自己太过狼狈。所以不要问究竟是什么，让宝玉和黛玉在今生擦肩而过，错失了相濡以沫、天荒地老的机缘。他们只是将命运编排好的那出戏演完，自己没有添加情节的权力，亦不想多此一举，在繁芜世海做无谓的沉沦。纵有情爱难消，沟壑难填，也只能从容作罢。

“只见黛玉两眼一翻，呜呼！香魂一缕随风散，愁绪三更入梦遥！当时黛玉气绝，正是宝玉娶宝钗的这个时辰。”相信世人读到这段时，都为黛玉流下悲情遗憾的泪。多少人为之惋惜，同时又不免为宝玉感叹。这对苦命鸳鸯，直到死，都无法握紧彼此的手，好好诉说这些年的相思之苦。

黛玉是明白人，她对宝玉没有误解，更无怨恨，她甚至怜惜于宝玉，最后两声凄凄叫唤，是她深深的叹息。她怎会不知，这些日子宝玉患的亦是心病，每日痴傻，皆因他没能如愿以偿。当宝玉以为娶了林妹妹时，平日的疯傻，竟一下子全好了。就连揭开红盖头前，心思细腻的宝玉还想到：“林妹妹是爱生气的，不可造次。”

其实，宝玉比黛玉更傻，他如何也想不到，最疼爱自己的祖母和母亲会这样欺骗他。所以当他看到盖头里的美人是薛宝钗，而非林黛玉时，他的世界已是天崩地裂。这是天底下最大的一场骗局，骗他的，是至亲至爱之人，他无法接受，才会在瞬间崩溃。以为是一场噩梦，醒来之后，一切都没有改变，一切都是真的。林妹妹真的已经死了，从此每天陪伴他的，是山中高士晶莹雪。

黛玉的死，让宝玉痛彻心扉，也让他从此真正解脱。原本对这红尘还有一点眷念，如今了无牵挂，他再不必为纷繁人世，做丝毫

情中情因情感妹妹　错里错以错劝哥哥

的停留。他从来没有这样洒脱过，抛弃一切，远离侯门深海，在一个飞雪漫天的日子，飘然远去。宝玉走了，带着衔玉的美丽传说离开，从此放下人间爱恨，与佛结缘。

林黛玉不是死了，是尘缘了断，完成使命，回归仙界。人间是她暂时修炼的道场，一旦缘尽，就该绝尘而去，不留眷恋。而我们的叹息，我们的眼泪，都成了多余，成为强加给他们的负累。红尘一梦，梦醒后，山还是山，水还是水，人事早已悄悄更换，不复当年。

林黛玉焚烧了旧日诗稿，断却痴心，静静地躺在潇湘馆，等待死神将她带走。那一晚，风雨交加，潇湘馆比任何时候，都要寒凉。另一处，红烛高照，一对牵错红线的鸳鸯，孽债难消。没有谁辜负谁，是前世的因，今生的果。

有人说，应该给林黛玉安排一个美丽的死法。她洁净如莲，该如莲荷一般，在水中消长。所以她该沉湖而死，在温柔的月光下，静静死去，无惊无扰。无论林黛玉是以哪种方式离世，她都是冰洁的。

“侬今葬花人笑痴，他年葬侬知是谁？”这一朵含露的芙蓉，无须别人安葬，她辞别春风秋水，就在今夜，起程去了远方。

盛世繁华，不过春秋一梦

都说千万个人读红楼，就会有千万卷《红楼梦》。甚至每个人，于不同时间段读红楼，亦会生出不同的情愫与感悟。这与成长的年岁相关，和心境相关，甚至与季节气候相关。

记得有茶客说过，同样一泡茶，在不同的天气，不同季节，泡出来的味道，都不复相同。雨中隔帘品茗让人悠然静心，午后阳光下喝茶则有一种慵懒的闲逸。还有雪中煮茗，菊下斗茶，更是清雅怡人，颇得闲趣。

红楼亦是如此，若用浮躁心读之，其间则是万象纷纭，错综复杂。用淡然心读之，其间则是山明水秀，一清二白。有时我总会想，为何那么多红学家，要将《红楼梦》分解得那般繁复精深，仿佛贾府里的一草一木，一尘一土，都隐藏不可解说的玄机。整个贾府，没有洁净之物，只有那对石狮子是干净的，但它见证了历史荣辱，目睹了家族兴亡的过程，它还一如既往的干净么？

我们总喜欢把所有的错都怪罪于他们身上，仿佛贾府里每个人都阴险狡诈，机关算尽，皆无所事事，游戏人生。岂不知贾府里的那些人，和我们现世中的人，并无区别。他们同我们一样，啃噬人间烟火，有着七情六欲。整部《红楼梦》，除了离经叛道的贾宝玉，沉醉于诗情的林黛玉，以及掩上庵门，不问尘世的妙玉，又有谁可以脱离现实，不屑名利，不受束缚，栖居于凡尘，做着优雅的梦？

只是宝玉、黛玉还有妙玉，真的做到了身居红尘，端然洒脱于世么？他们的确比寻常人，多一些唯美凄迷，多一份别样心肠，尽管他们极力想要置身事外，让自己和凡俗划清界限，却一直不得而脱。

故他们比一般人活得更不开心，试问一个洁净无尘的人，将其落入红尘染缸，还能洁净和快乐吗？心的洁净方是真正的洁净，再坚厚的心，也经不起光阴的消磨，流年让人越来越薄脆，又岂知不会有瓦解的那一天？

有人说，贾宝玉和林黛玉是《红楼梦》的魂魄，若没有他们，这场梦，根本没办法开始。果真，黛玉魂断潇湘，宝玉离尘出家，这场梦就到了终结之时。偌大的一个贾府，浩浩荡荡几千人，都做了他们的陪衬。因为他们的离散，所有人的梦都该醒转，所有人的戏都要散场，所有人的故事都要结束，所有人的前缘孽缘皆要了断。

到底是怎样的两个人，他们的微妙之举，足以让整个贾府风云变幻。宝玉平日若要小性摔通灵玉，府里的大小丫鬟皆要跟随之受责罚。他挨一次打，惊天动地，府中上下一大群的人，围着他忙成一团。紫娟试探他，说林黛玉要回苏州老家，他瞬间疯疯傻傻，大病一场，让上至贾母，下至无名小丫鬟，皆吓得魂飞魄散。

林黛玉虽寄居贾府，身份地位不及贾宝玉尊贵，可她亦是贾母的心头肉，是宝玉铭心刻骨的知己。每年她犯嗽疾，府里为她请大夫，抓药，耗费不少银两和人力。贾母和宝玉为她的病操碎了心，而其他人，为了迎合贾母，又岂敢对黛玉不尊重。纵是不喜她之冷僻孤傲，可是面对这样一位出类拔萃，姿容绝代的佳人，谁又能生出怠慢之心？

他们是《红楼梦》里的主角，掌控不了自己的命运，却可以掌握这出戏的悲欢离合。许多人认为他们是完美的化身，给了那些青春男女，无限美好的想象。但宝玉和黛玉毕竟生存在封建时代，思想上叛逆，行为却不敢放纵，做出荒唐之事。

除了葬花，一起偷读《西厢》，偶尔私底下眉目传情，别的皆不敢有丝毫的造次。但他们那份缥缈离尘的美感，给许多被纷繁困扰之人，添了情趣和雅致。读罢红楼，恍然间明白，原来人生可以如此诗意地活着，青春可以有一场这样美丽的相遇。

他们在贾府导演一场盛世浩荡的《红楼梦》，整个贾府的人，乃至众生，都在看他们演绎。贾府究竟有多大？似乎天下人都羡慕这座豪华府邸的繁盛，天下人都等着看这座大厦几时轰然倒塌，等候盛极必衰的结局。那是因为世人对现实有太多不满，因为众生皆有一颗叛逆之心。人生路上，有太多沟壑，太多错误，太多悲哀，走过去了，没有谁可以回头。

人生如戏，而身处戏中的人，依旧愿意看别人的戏。似乎唯有纷繁浩荡，惊心动魄，方能将世事淋漓尽致地演透。许多时候，连我们自己都不明白，究竟是来人间演戏，还是来看戏。亦不知，在哪场戏里做了谁的陪衬，谁又将谁出卖，谁又将谁辜负。我们都是人间惆怅客，于茫茫世海，孤独又无依。

读《红楼梦》第四回，贾雨村判案时，门子就给他一张护官符，上面皆是本地大族名宦之家的俗谚口碑，云："贾不假，白玉为堂金作马。阿房宫，三百里，住不下金陵一个史。东海缺少白玉床，龙王来请金陵王。丰年好大雪，珍珠如土金如铁。"这些只是开篇的引子，非凡之气势，让人对《红楼梦》充满神奇的向往和憧憬。

人生步步皆是局，这么大的家族，亦只是你算计我，我算计你。稍不留意便会落于陷阱，可算来算去，还是一笔糊涂账。谁输谁赢，难以分辨，尘世间，无论是名利之争，或是情爱之争，皆要付出代价。

利场也好，情场也罢，几番算计，几经风云，皆会误了卿卿性命。王熙凤是厉害的，一生机关算计，却落到死后无处安葬之下场。林黛玉可谓超凡脱俗，不与世争，可是在情场上，她又何尝不是百般计较，宝玉的一点风吹草动，会令她长病不起。

贾府上上下下，男男女女，主子仆人，每个人心里都有一本经，皆有一张尺。不要以为栖居于某个安静的角落，不沾是非，不惹爱恨，就不会遭遇风雨相侵。李纨每日于稻香院修篱教子，府中大小事务不闻不问，可大观园风雪来袭时，她又如何做到毫无瓜葛？就连在栊翠庵清静修行的妙玉，于贾府遭劫之时，也没能幸免这场灾难，遭贼寇掳掠，下落不明。

贾府的人，各自为利益忙碌奔走，似乎只有宝黛二人沉浸于风花雪月，利禄功名皆不染身。可他们并非不食人间烟火，他们每天为爱愁困，为情迷惑，何曾有过颖悟超脱。林黛玉说一年三百六十日，风刀霜剑严相逼。她对人生所有感叹，皆缘于一个情字。她遭受的不是名利的逼迫，亦非孤独的逼迫，而是情的逼迫。倘若让她如愿以偿嫁给贾宝玉，日日郎情妾意，镜前画眉，她还会寂寞，还会泪流不止吗？

在这纷扰无情的世间，林黛玉也看到太多的污浊与丑陋，可她不屑一顾。她来人间，只是为了还泪，她要的亦只有情爱，在注定失去的爱情里，她的人生不可能圆满，亦不会有快乐。

贾府所有的人，皆是如此。贾母为贾府之昌盛，贾政为名，王熙凤为利，薛宝钗为其地位，以及那些贵族公子，为他们纵酒高歌、风流快活的日子。而贾宝玉，为了倾国倾城的林妹妹，忘记他该承担的责任，甘愿抛弃一切。试问谁人不自私？谁敢站在朗朗乾坤下，说自己是绝对的清白？

《红楼梦》最美的风景是大观园，大观园里居住了金陵十二钗。

大观园试才题对额

这十二钗，哪一个不是在孽海情天里长大，哪一个没有尝尽悲欢冷暖。在她们出生之时，命运就被安排于薄命司里，无从修改。乃至金陵十二副钗，亦是如此。我们手捧一卷《红楼梦》，以为在看一场与自己无关的戏，为他们跌宕起伏的故事拍案叫绝。却不知，自己在红尘深处，早已身不由己。

贾府是一面现实的镜子，每个人，都可以在镜中看到自己真实的容颜，照见灵魂的影子。贾府之人，皆是芸芸众生中微小的一个，你笑他们游戏人生，我们同样亦只是凡尘戏子。

《红楼梦》之所以为四大名著之首，是因了这本书亲近于生活，牵动我们的情愁。一卷书，弥漫着浓郁的烟火，我们又离不得这烟火，甚至依靠烟火来喂养，得以生存下去。那些脱离了现世的神佛之境，太过缥缈，太过遥远。

一场声势浩大的戏，几千个人排练上演，确实不易，但是说散场就散场了。故事到了该结束之时，再无任何转圜余地。大限来临，贾史王薛四大家族的护身符亦不再管用。过往堆积成山的金玉，皆化作尘土，辉煌的宫殿，仅一个瞬间就倾倒，片瓦不存。上上下下数千人，曾经以居住在侯门公府为荣，今时沦落到无人收留之境地。

果真是一场梦，是曹雪芹的梦，是贾府的梦，亦是天下人的梦。世相迷离，连做梦也需要资格，需要勇气。我们都被宝黛的爱情感动，认为是他们的生死之情，让《红楼梦》成为千古绝唱。可是有多少人拥有过这样凄美的爱情？我们不过是一个自私的看客，为他们的悲剧命运，生出无言的感叹罢了。

“陋室空堂，当年笏满床；衰草枯杨，曾为歌舞场。蛛丝儿结满雕梁，绿纱今又糊在篷窗上。说什么脂正浓、粉正香，如何两鬓又成霜？昨日黄土垅头送白骨，今宵红绡帐底卧鸳鸯。金满箱，银满箱，转眼乞丐人皆谤。正叹他人命不长，哪知自己归来丧！训有方，保不定日后做强梁；择膏粱，谁承望流落在烟花巷！因嫌纱帽小，致使锁枷扛；昨怜破袄寒，今嫌紫蟒长。乱哄哄你方唱罢我登场，反认他乡是故乡。甚荒唐，到头来都是为他人作嫁衣裳。”

花红柳绿的大观园，只剩下衰草枯杨。大观园里，那些美丽如蝶的女子，在韶华之龄，被折去了翅膀。仓皇逃离之时，谁又能为谁疗伤？花谢花飞，人生又有几度春秋；梦醉梦醒，世事能辨多少真假。

读一卷《红楼梦》，我们不必探解书中存多少秘密，无须知晓其间有多少深刻的内蕴。唯愿山河静美，人世不惊，聚散无意，荣枯随缘。

孽海情天，沧海如何化作桑田

也许很多人都不明白，为什么《红楼梦》这部小说会成为中国四大古典名著之首。《红楼梦》自清代以来，历经数百年风雨沧桑，始终伫立于巅峰之上。至今如此，没有任何作品得以超越。一册《红楼梦》，似一叶载梦的青舟，遥遥领先在浩瀚的书海里，有着不可复制的传奇。

其实，这是一部没有完结的作品，作者曹雪芹写完前八十回，就落魄而终。自乾隆年间开始，《红楼梦》通过名为《石头记》的手抄本形式流传，一时间京城纸贵。而关于《红楼梦》的续作纷纷出稿，并衍生出“红学”。这是一本残缺之书，有美丽的开端，却无完整的后续。任由后人如何编写，都无法抵达曹雪芹创作的高度，无法成全他之心意。

天地因残缺而大美，未完之《红楼》，似乎比别的名著，更受世人喜爱。谁也不知，到底从几时开始，痴迷于《红楼》，迷恋大观园里的一草一木。尽管世人都说那是一块肮脏之地，每一个角落，皆被尘土覆盖。可《红楼梦》，却像一株树，种植于每个人的心间，随着流年一起成长。

为何世人皆爱《红楼》，恰是因为《红楼》给人的感觉，是一场盛世繁华的梦。人生亦如梦，所以众生甘愿于梦里幻想，梦里沉沦，并且一醉不醒。《红楼梦》是一面镜子，可见世间百态，可见人情冷暖，亦可见沧海桑田，又是一面令人迷失心性，难以割舍的魔镜。

《红楼梦》有着繁华的背景，让许多丢失了青春的人，可以在其间找回那段失去，甚至从未拥有过的美好岁月。这是一本以情为主线的书，写尽金陵十二钗的生死命数。贾、史、王、薛四大家族，反映的是康乾盛世时代的贵族故事。尽管在众生眼里，《红楼梦》是一部包罗万象的历史巨著，仿佛世间一切兴衰荣辱，悲欢离合，皆落于这册书卷里。

滥情人情误思游艺　慕雅女雅集苦吟诗

然而，《红楼梦》却是一部描写青春的小说，不该被悲凉沧桑占据。大观园里的少男少女，给这本书，添了一抹岁月的新绿。多少人，为了解读红楼，废寝忘食，给每个字句，都找出无数种深沉的缘由。可亦有许多人，读《红楼梦》，只读宝黛的爱情，并一次又一次不厌其烦地为之感动。

《红楼梦》是一部神奇的作品，无论是深刻的人，还是简单的人，读懂的，或是读不懂，皆会爱上这本书。一卷《红楼》，不管在上层社会，还是于普通民间，都广为传诵。甚至许多目不识丁的人，都对《红楼》痴迷不已。

这本书，翻印了无数次，亦无数次登上戏曲舞台，拍成影视剧。这场梦，此后频繁地降临于寻常百姓家，让那些市井凡人，都有做梦的资格。而且做的，是一场盛世繁华的金陵遗梦。

为什么《红楼梦》里的繁华像海市蜃楼的幻影，稍纵即逝，但《红楼梦》这本书，却一直鼎盛如昨，从不衰败？为什么贾府从沧海到桑田，只是一朵春花到一枚秋叶的转变、一盏茶由暖转凉的过程，而这本巨著，数百年来，一如既往地热烈，不肯有丝毫冷却？如果说所有盛宴都会有散场的那一天，为何这场红楼的盛宴，永远春风满座？

《红楼梦》有这么一个主旨，水满则溢，盛极必衰。秦可卿说了这么一句话：“三春过后诸芳尽，各自须寻各自门。”仿佛从一开始，我们就知道，无论过程多么奢华繁盛，到最后都会以惨淡收场。

可许多人，对此并不关心，他们不关心贾府的命运，不关心贾府的辉煌可以延续到几时。甚至有些人，根本不明白，为何这样一个繁盛的家族，说败就败了。但是他们懂得一个浅显的道理，富不过三代。多么显赫的家族，都不可能永远强盛下去，所以贾府树倒猢狲散的结局，亦无可叹息。

每个人于尘世，都为一段或几段情缘牵肠挂肚，宝玉和黛玉在《红楼梦》里，就是两个做梦的孩子。他们不为名利所缚，不为生计奔波，他们有足够的时间风花雪月，亦有足够的青春来做梦。

在大观园，他们是一对长不大的孩子，正因为他们身上，有着不被浊尘染就的气质，才深受大众喜爱。其实他们本是天界之人，只是下凡历劫，故举止形容与世人有所不同。

林黛玉住进了大观园，从此与眼泪成了不离不弃的知交。她为金玉良缘终日惶恐，独自葬花感伤，熬过无数个秋窗风雨夜。从绝代容颜，到形容枯槁，从才思惊世，到焚稿断痴。这个过程，短短十余载而已，已是沧海桑田。

多少人期待有情人终成眷属，无论贾府是鼎盛还是没落，皆希望贾宝玉和林黛玉可以双宿双栖。可是离开贾府的贾宝玉还是贾宝玉吗？失去通灵宝玉的他又还是当年的他吗？这个自小于温柔富贵乡里长大的男儿，又是否可以承担起世俗的责任？他拿什么，带着病弱多愁的林黛玉浪迹天涯，漂泊四海？

有些遗憾是注定的，因为有缺憾，所以世人总难忘怀。宝玉虽然娶了宝钗，但是他没有辜负黛玉。他做到了，弱水三千，只取一瓢饮。纵然他是一个不求上进的富家公子，但他为世人所喜。他的痴傻与执着，纯净和真心，凡人又怎能企及？

黛玉对爱情，亦是心如皓月，情比金坚。聪明如她，又岂会不知整个贾府，喜欢像薛宝钗那样温和娴雅的女子。但她不愿随波逐流，只一心做自己的林黛玉，做贾宝玉心中的林妹妹，守着清冷的潇湘馆，守着几竿翠竹，安度流年。

青春美好亦残酷，富贵有情亦无情。他们在如梦的繁华里，挥霍青春，当一切败落后，谁来去收拾破碎的残景。那时，各寻归宿，谁又顾得了谁去哪里？在人生必经的路上，没有对错，没有真假，亦没有输赢。山河更换，世事变迁，所以贾府由鼎盛到衰败的过程，算不得什么。

就算是林黛玉死了，贾宝玉出家了，整个贾府衰亡了，所有美好都被摧毁，只要有一个读者在，贾府就还存在，林黛玉和贾宝玉都还活着。也许这就是《红楼梦》经久不衰的原因，哪怕只是幻影，大观园的一草一木，如人生之景，落于世人心中，永难磨灭。这个以悲剧收场的故事，却在众人心里，一遍又一遍回放，无始无终。

贾母出生在“阿房宫，三百里，住不下金陵一个史”的史家，后嫁入“白玉为堂金作马”的贾府。她这一生可谓享受了至高无上的尊荣，所以当贾府落败之时，她还可以拿出几十箱金银珠宝。

她将一生积蓄，支付给了贾府，支付给了岁月。曾经那场豪门盛宴，早已不知于哪个寂寞的黄昏，匆匆散场。

依稀记得元夕佳节，元妃回家省亲的奢华场景；记得刘姥姥进贾府时，大观园的人欢聚一堂，笑语喧天。那时，就连多愁善感的林黛玉亦绽放笑颜，连幽居于栊翠庵的妙玉，也取出香茶，殷勤待客。

贾府里摆设了无数次生日宴会，节日庆典，演绎了一场又一场的游园惊梦。后来的宴会，人越发的少了，病的病，伤的伤，愁的愁，走的走，死的死。有人说，人丁骤然稀少，就是散场的前兆。

还记得，王熙凤出场时的那一段精彩描述：“只见一群媳妇丫鬟

潇湘子雅谑补馀音

拥着一个丽人从后房进来。这个人打扮与姑娘们不同，彩绣辉煌，恍若神妃仙子。头上戴着金丝八宝攒珠髻，绾着朝阳五凤挂珠钗，项上戴着赤金盘螭璎珞圈，身上穿着缕金百蝶穿花大红云缎窄袄，外罩五彩刻丝石青银鼠褂，下着翡翠撒花洋绉裙。一双丹凤三角眼，两弯柳叶掉梢眉，身量苗条，体格风骚，粉面含春威不露，丹唇未启笑先闻。”

这样一个锦绣佳人，在贾府位高权重，于千万人之上。她一生机关算尽，始终以最高姿态，俯瞰众生芸芸。贾府衰败后，曾经装点她人生的华丽饰品，亦在刹那间散尽，下落不明。死后连一副好的棺椁都没有，一床破旧草席，一抔尘土，埋葬了她短暂的一生。人死如灯灭，她生前所求得的利，随她一同幻化成尘，了无痕迹。

茫茫沧海，化作漫漫桑田，究竟要经历多少个年岁，几度朝代更迭。人生如露如电，万物起灭有定，或长或短，或浮或沉，终有尽时。这世上没有不散的戏，没有不会终结的故事，亦无不寂灭的繁华。

读红楼，就像是做了一场沧海桑田的梦，看梦中人，起起落落，生生死死。无论贾府是聚散，还是荣枯，于世人心里，那海市蜃楼的幻影永远存在。而这本红楼古卷，亦会在岁月的长河里，永远飘荡，任意从容。

卷二　悲金悼玉

世间万千，与谁共度锦瑟流年

李商隐有诗："锦瑟无端五十弦，一弦一柱思华年。庄生晓梦迷蝴蝶，望帝春心托杜鹃。"以弦瑟寄情，追思华年，庄周梦蝶，杜鹃啼血。似乎所有的诗句，文辞，都有深刻，乃至不为人知的寄寓。一首诗如此，一部作品，亦当如是。

《红楼梦》自问世来，以其深厚婉转的故事情节与丰富的文化内涵，成为中国古典小说史上的巅峰之作。千百年来经久不衰，得世人拥戴，受世人喜爱。不同的时代文化背景，不同的人物性情，以及各自不同的解读方式，可谓千万个人，就有千万部《红楼梦》。

曹雪芹作为清朝文人，背负了太多沉重的历史，以及山河沧桑之转变。他如谜的身世，以及撰写《红楼梦》时的诸多落魄遭遇，更让人对《红楼梦》生出无限遐想。他追思前人的兴盛成败，又不免把那些辉煌成就，以及落寞悲凉，写进文字中。

《红楼梦》继承了中华传统古典文化之精髓，作者用其自身的人生经历和感悟，描述出封建社会的人生百态和世情万象。“借离合之情，写兴亡之叹”，《红楼梦》是一部带着悲情色彩的著作，读罢让人深感历史的苍凉，世事的荒诞，人生之无常。

每个文人，都有一座寄梦之所。陶潜的梦，寄存在桃花源，而曹雪芹的梦，则是那座花柳繁华的大观园。大观园，四时之景，取之不尽，走进去，觉世间万千风景，皆落其中，无有遗漏。而我们，只需和书中人物，共度流年，同悲同喜，再一起将风景看透。

王希廉在《〈红楼梦〉总评》中说：“一部书中，翰墨则诗词歌赋、制艺尺牍、爰书戏曲，以及对联匾额、酒令灯谜，说书笑话，无不精善；技艺则琴棋书画、医卜星相，及匠作构造、栽种花果、畜养禽鱼、针黹烹调，巨细无遗；人物则方正阴邪、贞淫顽善、节烈豪侠、刚强懦弱，及前代女将、外洋诗女、仙佛鬼怪、尼僧女道、娼妓优伶、黠奴豪仆、盗贼邪魔、醉汉无赖，色色俱有……”

“悲凉之雾，遍被华林”。红楼里描绘的悲情，不仅是宝黛的悲情，也不只是整个贾府的悲情，还有那个时代的人文与政治交织的一种悲情。书中隐喻了浓郁的诗性气质，有佛家之空灵、道家之玄远、儒家之忧世。仿佛从释道儒中，寻出自己的思想，又好似从书中的人物里，找到自己的影子，但似乎都不是。

高深莫测的《红楼梦》，在字里行间，隐藏着深邃的文化内涵与思想。作者身处康乾盛世，笔端却时刻流露出繁华背后的凄凉和落寞。我们在美丽绝伦的文辞中，感受着一种莫名的失落与伤感。流畅自然的叙事风格，跌宕起伏的情节构思，生动丰富的人物描写，隐透着一种文化的圣洁与高雅，充盈了整个红楼世界。

“诗礼簪缨之族、钟鸣鼎食之家”的贾府，由鼎盛到衰败，经历了沧海桑田的变迁。推开大观园那重朱红的门扉，人间天上的景致尽在其中。大观园是曹雪芹筑梦之地，他用至真至美之情，创造了这样一所梦的园林，魂的归所。

每一处楼阁轩落，都隐含了诗性之美，也寄寓了红楼女子的性情喜好，以及她们的悲欢。她们将自己最美的年华，都交付给这座园林，得到过，失去过，快乐过，悲伤过，喧闹过，也寂寥过。

写书之人，需要深刻的文化底蕴，丰富的心路历程。而读书之人，亦要有一颗经世之心，悲悯之情。曹雪芹的人生历程，经受了一场梦幻般的变化，从现世安稳到流离迁徙。在尝尽世情风霜后，其思想更加深沉，感慨亦更加浓郁。那时的他，于一间陋室，一盏孤灯下，回忆自己戏剧般的一生，又将是怎样的伤感与哀怨。

人说大观园之主水是沁芳溪，它流淌于大观园的每个角落。它有着一个美丽的名字，又是悲剧的象征。沁，浸也。沁芳，暗喻落花流水之意。落花流水，为伤春之象，千种风情，万般闲愁，皆随水成尘。

《红楼梦》引用许多花木，且每一种花木，皆寄寓大观园里的一位女子。但如花美眷，终抵不过似水流年。花随流水，春尽人散，曹公早已给她们批了宿命，在住进大观园之前，已经有了各自的安排。她们之后，发生的种种故事，皆有前因，任凭你删改增减，结局都一如从前。

林黛玉住进了潇湘馆，只因她爱庭院里那几竿翠竹，比别处更是清幽安静。她体弱多病，不喜与人过多交往，又爱吟诗抚琴，所有的喧闹，皆被关于门外。“一带粉垣，里面数楹修舍，有千百竿翠竹遮映”“后院墙下皆开一隙，得泉一派，开沟仅尺许，绕阶缘屋至前院，盘旋竹下而出”“觉一缕幽香从碧纱窗中暗暗透出”。

如此清雅之所，唯黛玉这般性灵女子，适宜居住，一般的人，又如何消受得起。她孤标傲世，清静无为，不与人争。风过处，幽

痴女儿遗帕惹相思

篁阵里，一切景象，都成了她的诗料。若非这几竿翠竹相伴，她拿什么，独自挨过那么多寂寥的春秋。

居有竹，是古代风雅之士，所追求的高雅境界。竹林七贤隐于竹林之下，放任自然，饮酒玄谈。东坡居士云：“宁可食无肉，不可居无竹。”郑板桥一生爱竹，画竹，他之竹清雅脱俗，或浓淡，或疏密，尽得风流。

“窗前亦有千竿竹，不识香痕渍也无？”这是潇湘妃子的竹，千竿翠竹，为其高洁素雅之心性，伴她寂寂流年。而她潇湘妃子的由来，亦与湘妃竹有关。她之泪渍，落于翠竹上，斑斑痕迹，皆是凄哀与伤悲。

黛玉爱哭，她来人间，是为了还泪。她似竹，一袭青衫，居大观园，不同俗流。她如诗如梦，眉眼出尘，才情风采，亦是脱俗。王熙凤初见她时便惊叹：“天下竟有这样标致的人儿，我今日算是看见了。”黛玉之美，绝非凡花俗草可及，她是一种闲静清瘦的美，一如庭院里的竹，雅逸逼人。

曹雪芹给了林黛玉幽静之所，也给了薛宝钗以香草自居的蘅芜苑。“这些之中也有藤萝薜荔，那香的是杜若蘅芜，那一种大约是茝兰，这一种大约是清葛，那一种是金簦草，这一种是玉蕗藤，红的自然是紫芸，绿的定是青芷。想来《离骚》《文选》等书上所有的那些异草……”这便是蘅芜苑，虽不及潇湘馆幽雅绝尘，却把屈原寄寓美好理想的杜若蘅芜等香草带至这座庭院。

屈原笔下的女子，有着无言大美，不修雕饰，自然沉静。而屈原的失意，在薛宝钗身上，亦可以找到。薛宝钗，便是那香草美人，素日不喜浓脂艳粉，也不爱戴花儿，喜素净天然。她矜持含蓄，悲喜不形于色。她服冷香丸，无论与谁，始终保持距离，不相亲，也不相远。

艳冠群芳说的是薛宝钗，任是无情也动人，说的也是薛宝钗。她冷若冰霜的外表下，遮掩着一颗大方热忱的心。她待人待事皆一样心肠，为人宽容大度，遇事安定不惊。金钏儿跳井而死，她不避讳，拿自己新制的衣裳给其装裹。黛玉对她多番讥讽，她不计前嫌，为其解忧，送燕窝，伴之冷暖。

一部红楼，有太多古典韵味的唯美画面，黛玉葬花的悲戚，宝钗扑蝶的烂漫，湘云醉卧芍药的天真，迎春穿茉莉的沉静，妙玉煮茶的风雅，晴雯撕扇的憨态，都给人以美的享受。大观园是一个追求美，呈现美的世界。《红楼梦》执着于一个美好的梦，又试图从梦中解脱，她们都是时光美人，不被岁月所败。

一个人，有千姿百态，一本书，五味杂陈。《红楼梦》不仅写了释道儒思想，更融入了先秦的蒙昧高远、秦汉的古朴疏阔、盛唐的豪迈博大、两宋的婉约雅致。今时的你，感叹历史沧桑，世事空幻，来日，谁又来捡拾你失落的故事，追忆你远去的华年？

黛玉吟：“侬今葬花人笑痴，他年葬侬知是谁？”人世渺渺，你是他锦瑟，谁又是你的流年。愿人世间一切尘埃落定，从此再不困于情，不乱于心，不迷于世。

悲金悼玉，春梦无痕韶华尽

《红楼梦》带着悲剧的情结，末世的色彩，沿袭并传承了数千年的古典传统文化精髓。曹雪芹将其自身的人生历程，以及对文学艺术的修养，人情世事的深刻感悟，撰写出这样一部直抵灵魂的作品。亦真亦幻，大喜大悲，耐人寻味。

一部红楼，看似高深莫测，缥缈迷离，然而所表达的，亦只是一个极为简单的道理。水满则溢，月盈则亏，盛极必衰，慧极必伤，所谓大道至简，当是如此。多少人，倾尽一生时光，于浩瀚书海里，追觅探索，到最后，又真正寻到些什么？

繁华落尽见真醇，揭开那些繁复的表象，见朴素情深。曹公说，都云作者痴，谁解其中味？他埋下许多伏笔，等着世人去发现，也许有一天终见天日，也许永远掩埋在岁月的缝隙里，不为人知。而我们只是寻常的看客，在翻读书卷时，会随着起伏的故事情节，巧妙的人物性情，去感知他的困惑与彷徨。

贾政游大观园

《红楼梦》是一部深沉凄婉的悲情作品，其中的悲剧，触及百态人生。一卷红楼，弥漫着凄清感伤的情调，带着一种幻灭彷徨的思想。有情亦无情，薄情却又无法忘情，面对人世无常，荣辱兴亡，名利的破灭，情感之失意，最终亦只能转身离去。

曹公用多情之笔，修筑了一座大观园，似梦幻般旖旎繁华，触不可及，又亲手将园中所有美好的景象毁灭。多少人情物意，若一场春梦，华美之后，转瞬即逝，了无痕迹。这个过程，隐藏了太多的辛酸苦楚，无助怅然。

曹雪芹背负着人生的无奈，带着末世的惆怅，将那些鲜活的生命安置于大观园。看着他们途经春花秋月，演绎爱恨悲欢，无奈何，又含泪将一切埋葬。所有的悲剧，是宿命的安排，还是作者的安排？仿佛只有悲剧，才能成为永恒，唯有悲剧，方能刻骨铭心。

红尘中多少赏心乐事，得以持久？物极必反，乐极生悲，胭脂香粉的红楼，醒来只是梦幻一场，万境皆空。那一座富丽堂皇的宫殿，仿佛在一夜之间便荡然无存，连影子都寻不见。

作者在第一回，便给全剧埋下了伏笔。悲剧的命运，借癞头和尚和跛足道人之口说出，而后只需按照编排的一切，演绎情节。一曲《好了歌》，唱尽人世悲喜，万物幻灭有时，富贵荣华亦当如是。甄士隐漫长如梦的一生，只消几度春秋，耗费几点笔墨，仅此而已。

贾宝玉梦游太虚幻境，看到薄命司图册以及金陵十二正副钗的判词，道出红楼女儿悲情的宿命。谶词曲韵，酿造出浓浓的悲情，大观园女儿一生际遇和结局，皆落于其间，吟咏成诗，无可更改。曹雪芹渲染出离散的气氛和意境，以离散来显现人性之美，亦感染世人的心。

曹雪芹用他惆怅心绪，柔软情思，描写贾宝玉和林黛玉刻骨铭心的爱情悲剧，同时亦写出贾宝玉和薛宝钗的婚姻悲剧。在纷繁的贾府，宝黛二人的情感清如山泉，皎若明月，从相知到相爱，皆源于真心。他们视彼此为红尘知己，情投意合，在争吵、猜忌、误会等矛盾中，达到了灵魂的默契与相通。

贾宝玉生来就是个混世魔王，卓然不群，而林黛玉又是清雅绝俗，孤芳自赏。他们不与世同的叛逆情怀和封建社会传统的思想，格格不入。在社会与家族，沉重的压迫下，这样虚幻美好的爱情，显得那么薄弱不堪，注定以悲剧收场。木石姻缘和金玉良缘一直纠缠着贾宝玉、林黛玉和薛宝钗，亦萦绕了整部红楼。

薛宝钗是一个才德兼备的绝世佳人，她艳冠群芳，端雅贤德，言行举止无不合乎道德礼教。纵是这样一个完美的女性，最终也被金玉良缘所误，断送了一生的幸福。贾宝玉没有选择与现实妥协，黛玉死后，他决绝离去，不顾后果。让薛宝钗守着贾府二少奶奶的虚名，忍受岁月无期的相煎。

“开辟鸿蒙，谁为情种？都只为风月情浓。趁着这奈何天、伤怀日、寂寥时，试遣愚衷。因此上演出这悲金悼玉的《红楼梦》。”他们爱情的悲剧，人生的悲剧，以及一切美好与寄托，皆走向衰亡，不可更替，无法挣脱。

曹雪芹处康乾盛世，发出了令人深省的追问，酿造这样的遗憾，是命运让人束手无策，令人委曲求全。当一个人走失迷途，茫然无依时，郁结于心中的苦闷，久久不得排遣，唯有选择归隐，方能了断前缘，放下执念。

贾宝玉斩断尘念，悬崖撒手是佛家万境归空，以及道家顺应自然的相结合体。他对人世美好有着无限的留恋，却又不得不决然离去，其内心亦是百转千回，惆怅难舍。惜春亦是如此，绣户侯门女，独坐青灯古佛。这百媚千红的世俗，却无她所眷念之人，更无其留恋之事。她曾用一支曼妙的画笔，描摹整座大观园，却忘了将自己画进去。

人生经世，岁序流转，不过是一场无常和虚幻的悲剧。一个人的出身无从选择，宿命不能改写，贾宝玉厌恶八股文，无意仕途，他最终弃绝俗世，以自我放逐的方式和时代抗争。贾宝玉的离去，是看尽红颜消逝，大观园衰败之景象，而心意阑珊。

婚姻的不幸，人生之悲苦，侯门盛景至家破人亡的转变，让他选择逃避，选择超脱。这些思想，源自中国文人的归隐情结。曹雪芹梦里的家园，便是大观园，他在园里筑梦，又梦醒。辉煌盛世的繁华背后，隐藏着凋年急景的悲凉。他经历命运沉浮，仍无法彻底割舍这份情结，但最终还是放下执念，离尘而去。

贾宝玉喜读庄子的《南华经》，喜庄周淡泊物外的超远情怀。相濡以沫，不如相忘于江湖。陶潜的归隐南山，采菊东篱，以及竹林七贤，远避尘嚣，寄兴竹林的人生态度，他们都只是在纷芜乱世中，找寻心灵的归宿。这归宿，无关名利，无关爱情，这归宿，是闲隐林泉，是竹林茅舍，是小舟江湖。

红楼未完，令万千读者惆怅不安，多少人，想要寻找故事的真相。人生因为残缺而美丽，红楼亦因残缺而令人追思，眷眷难舍。其实，我们仍旧可以在未完的篇章里，从他铺陈好的谶语、诗词、戏曲，去猜测人物的悲剧命运，以及故事的结局。

曹雪芹试图在贾宝玉身上，找寻寄托，又或者说，贾宝玉是他未知的自己。在这个没落的家族里，他受过万千恩宠，叛逆过，抵抗过，最后和命运妥协。他没有选择死亡，而是断发出家。没缘法转眼分离乍，赤条条来去无牵挂。虽是戏文里的词句，却明心见性，清静超然。

《红楼梦》是一部悲剧作品，带着历史的沧桑，末世的惆怅，摆放在岁月辽阔的桌案。每一次翻读，都会有不同的情境，生出不同的感想。似乎有太多的遗憾与缺失，又被光阴的碎片给填满。算人世荣华多几时，何时忘却营营，忘却营营。

待苍凉话尽，红楼说的到底是功名利禄，还是镜中恩情，又或仅仅只是一场梦。我们也只是打书卷里行走的过客，在浩荡的人间剧场，来来往往，聚聚离离。

谁才是，你倾尽一生要的幸福

自小在脂粉堆里长大的贾宝玉，对女子，有着与生俱来的怜惜和喜爱。他说："女儿是水做的骨肉，男儿是泥做的骨肉，一见到女儿我就清爽，一见到男人就觉着污浊逼人。"与他相好的几位男子，北静王、秦钟、蒋玉菡等，亦是粉面朱唇，形容秀美的风流人物。

在曹雪芹眼中，世间男儿多是浊物，而女儿却如净水般柔美、清纯。最为钟灵毓秀的，当是大观园里的十二金钗，及至十二副钗。那是一个姹紫嫣红的女儿世界，艳冠群芳的薛宝钗，洒逸风情的史湘云，文采飞扬的探春，冰洁高冷的妙玉，还有婉转风流的林黛玉。乃至稳重端庄的袭人，风流灵巧的晴雯……

曹雪芹所刻画的这些美好女子，分成两种不同类型，不同的人物性格，呈现出不同的美。一种是端庄娴雅，贤惠淑德者，为传统现世所推崇喜爱，有循规蹈矩之意。一种则是孤标傲世，出尘超脱者，为世俗所不容。

贾宝玉路谒北静王

红楼里，宝钗和李纨，丫鬟袭人，便是典型的传统端雅女性。而黛玉则是大观园里的奇才，无论是其心性，或其诗文，皆具别样心肠，一种风流底蕴，难与人言说。和其性情相近者，眉眼儿有点像黛玉的，则是怡红院的丫鬟晴雯。

薛宝钗是一位才情兼备的女子，她处世随和，性情温顺。贾母说，从自家四个女孩儿算起，全不如宝丫头。而这四个女孩，包含了在宫里当王妃的元春。她知贾母“喜爱看热闹戏文”“爱吃甜烂之物”，就依照她之心意去做，不仅是迎合奉承，更多的则是她本性通透旷达。

宝钗身为皇商之女，家财万贯，自小读书识字，博学多才。对文学、艺术、历史、医学以至诸子百家、佛学经典，皆有宏览。这样一位举止娴雅，有涵养的女子，下人也多与之亲近，就连张姨娘这样的人物，也夸宝钗想得周到，到底是大户人家的姑娘，叫人敬服。

金钏儿投井自尽，她帮着王夫人解忧，将自己新缝制的衣裳，拿去给金钏儿穿戴。她劝贾宝玉尽心读书，多留意经济仕途，宝玉却提脚就走，给她难堪，但宝钗宽容大度，不与他多计较。她劝黛玉远离《西厢记》等爱情文学，莫要耽溺诗词而移了性情。如此真诚雅致，令黛玉也刮目相看，感动不已。

史湘云认为："这些姐妹们，再没有一个比宝姐姐好的！""我但凡有这么个姐姐，就是没了父母，也没妨碍的！"袭人更是赞她"叫人敬重，真真是有涵养，心地宽大的。"若非她如此识大体，有涵养，老太太亦不会做主，将她许配给宝玉，而忽略一直宠爱的亲外孙女林黛玉。

宝钗对她和宝玉的这段婚姻，心中自是不喜。她知道宝玉心中终不忘世外仙姝寂寞林，知宝玉和黛玉，两小无猜，情根深种，又怎会顾及她的黄金锁，懂她的万种风情。再者宝玉是一个性格优柔、不求上进的男子，以宝钗的气度，她深知这样的男子，无法承载自己一生的幸福。

但她听信母兄之命，与现世妥协，不争不扰。做了贾府的二少奶奶，那时的贾府已然走向衰败，再不是往日钟鸣鼎食之家。她知黛玉死，宝玉对红尘无贪念之心，依旧伴其左右，为他红袖添香。她无从选择，亦不去争取，她所做的一切，则是中国传统贤妻良母之典范，令人尊敬。

与宝钗相近的人物，是怡红院里宝玉最亲近的丫鬟袭人。宝玉因见她姓花，故取陆游诗句“花气袭人知骤暖”。贾母喜袭人心地醇良，恪尽职守，王夫人也喜她温顺谦恭，将她作为姨娘的后备人选。袭人特殊的身份，让她在贾府的地位高出其他丫鬟。

袭人素日待人宽厚，处世稳重，与丫鬟们和睦相处，对宝玉更是一片忠心。她和宝钗一样，有着传统女性的贤惠美德，深受长辈们喜爱。她时常规劝宝玉多读书求上进，无论是真喜欢读书，还是假喜欢读书，也要装出个样子给老爷看。她守护着怡红院的一草一木，不轻浮惹事，向往平静安稳的生活。

书中第六回，宝玉和袭人有过云雨情，之后他对袭人更比别个不同，而袭人待宝玉亦更为尽心。但她始终矜持自重，沉稳温和，诸多丫鬟对其亦是尊敬，不敢怠慢于她。宝玉挨打，花袭人却语出惊人。她说老爷打人打得有理，如若不打，宝玉可能又要做出超乎理法的事情来。袭人凭借这番微言大义，打动了王夫人的心，也巩固了她在贾府的地位。

袭人是宝玉的房中人，是将来贾府的姨太太，为不置可否的事实。在她心里，深喜宝钗的大度宽容，一直期待她会成为贾府的二少奶奶。但她又知林黛玉才是贾母宠爱之人，故曾几次三番试探黛玉，又在王夫人面前，夸赞宝钗的雅量。

袭人是安了心，要做宝玉身边人。那年她被母兄接回家吃年茶，母兄曾商量要将她赎回之事，袭人是断不愿回去。哭诉道：“当日原是你们没饭吃，就剩我还值几两银子，若不叫你们卖，没有

心思踢人踢错袭人

个看着老子娘饿死的理。如今幸而卖到这个地方，吃穿和主子一样，又不朝打暮骂。这会子又赎我做什么？权当我死了，再不必起赎我的念头！”

“枉自温柔和顺，空云似桂如兰。堪羡优伶有福，谁知公子无缘。”世事早已安排，岂可尽随人意。贾府发生了变故，事与愿违，袭人没有攀上高枝，她之前所有的想象，都成了一场轻薄的风。只是她的结局尚算幸运，她嫁给了蒋玉菡，一个戏子。而蒋玉菡知她是宝玉身边的人，对其温柔体贴，也算是安稳地度过余生。

曹雪芹将万物精华灵秀钟于女儿，更钟于冰雪聪明、娇美纯情的林黛玉。大观园里，林黛玉姿容绝代，才压群芳，她言谈举止不俗，虽怯弱不胜，却有一种自然的风流态度。她清瘦多情，闲静如水，诗云：“颦儿才貌世应稀。”

林黛玉内秀外慧，楚楚动人。她善感多愁的诗人气质，弱柳扶风的病态之美，是大观园里诸多女儿所不及的。其实，黛玉本是仙草的化身，受天地之精华，得甘露滋养，遂脱了草木之胎，换得人形。这样一个女子，有着清秀非凡的美，凡尘之人，又怎消受得起。

黛玉本是仙草，一切人情世故于她，不过是一种简单的存在。她本性单纯天真，人说她目无下尘，却不知她无意与人交集。黛玉典雅纯洁，干净清白，待紫娟亲如姐妹。她教香菱写诗，热诚讲解，还把自己的诗集珍本借给香菱。她对丫鬟，从不为难，磊落大方，抓一把钱给小丫鬟，又给钱老婆子打酒。

湘云把她比作戏子，伤她自尊，她知她是无心之言，稍一气恼，转瞬即忘。她对宝钗，不存芥蒂，无有猜嫌。宝钗劝她少读《西厢记》之类的闲书，送燕窝于她，并对之予以关怀。黛玉便对其说出一番掏心窝的话，令人感动，之后更待宝钗如亲姐姐一般。

林黛玉绝非那种尖酸刻薄的女子，她诗性情怀，柔软心肠，守着她的潇湘馆，自怜自爱。她不轻易闯入别人的世界，不沾染别人的爱恨情愁，更不招惹是非。她与众姐妹联诗作句，总是推崇别人词好句美，不计高低，不论短长。一片玉壶冰心，晶莹剔透，令人钦佩，也惹人怜惜。

林黛玉是大观园里，最具诗人气质的女子。她有着咏絮之才，思绪敏捷，诗作新颖别致。一草一木，一花一石，在她的笔下皆有生命，有不可言说的情感。黛玉将自己的心性与灵魂，融入诗中，写出许多哀婉缠绵的诗句辞章。其实，黛玉和宝钗的才情，不分伯仲，若论灵性婉转，雅致出尘，黛玉更胜一筹。

元妃省亲时，命众姐妹题匾作诗。之后，元妃称赞："终是薛林二妹之作与众不同，非愚姊妹可同列者。"然宝钗之诗，端然大气，不同凡响。而黛玉之句，清雅出尘，风流灵逸，众人钦慕。

黛玉咏《葬花词》，催人泪下。花的命运，亦如黛玉的命运，随水成尘，落入泥淖，不为世人所赏。她的《桃花行》，有着异曲同工之妙，写尽花落人亡的凄凉境况。一首咏絮词，亦是悱恻缠绵，耐人追思。"草木也知愁，韶华竟白头。叹今生、谁舍谁收。嫁与东风春不管，凭尔去，忍淹留。"以及后来的《秋窗风雨夕》，皆是感伤之作。

她的菊花诗，别出心裁，让我们仿佛看到一位绝代佳人，在寂寞篱畔，如菊一般清淡地活着，品格高洁，静守淡泊岁月。李纨夸其："题目新，诗也新，立意更新，恼不得要推潇湘妃子为魁了。"

黛玉便是这样一位奇女子，素心向月，遗世而立。她宁可为一朵花低眉，为一株草吟咏，亦不为权贵垂首，不为世情转变。她不似薛宝钗，处世为人，八面玲珑，丢失了原本该有的喜怒哀乐。黛玉若那朵含露芙蓉，出尘于水，天然不修雕饰。

曹雪芹给宝钗服食冷香丸，暗喻了其冷淡的性情。她周旋于人际中，喜怒不藏于色。"罕言寡语，人谓藏愚。安分随时，自云守拙。”她虽生于富贵之家，却不喜奢华，更不骄纵。王熙凤说她：“不干己事不开口，一问摇头三不知”。

黛玉做不到这些，心慧言巧的她，只能用诗词，表达内心百转千回的情肠。她沉浸于诗的世界里，从不劝宝玉走仕途经济之道，引他为知己，结为同心。她来人间，是为了还泪，她的泪，藏尽了现实人生的血泪。

她为情而生，为情而死，任何人于她，只是过客。她只为一人而来，为一人而活，当她的深情，终被辜负时，她用死亡的方式选择离开。这薄凉的尘世，再无丝毫令她眷念之处，她焚烧了一生痴爱的诗稿，了断情缘，带着遗憾离开。却又走得那么从容，那么无挂。

百花争妍的大观园，还有一个玲珑标致的女子，她纯净美好，叛逆勇敢。她长着“水蛇腰，削肩膀，眉眼又有些像林妹妹”，“这些丫头们，总共比起来，都没晴雯生得好”。她风流灵巧，口齿伶俐，针线活儿好，深得贾母喜爱。曾说：“这些丫头的模样爽利言谈针线多不及她。”

然其个性孤高，刚烈耿直。她不喜袭人讨好邀宠，抄检大观园时，当众把盛世凌人的王善保家痛骂一顿。她撕扇的生动画面，跃然纸上。病中为宝玉补裘的真情，感人肺腑。

“木秀于林，风必摧之。”晴雯的美，以及她的刚烈之性，招来了劫难。王夫人嫌她生得好，说她是狐狸精，这样的人，断不能

苦绛珠魂归离恨天

留在宝玉房中，于是设法将她赶出大观园。她叛逆倔傲之性，在贾府怎有立足之地。一朵洁白的芙蓉花，被世俗冷酷地推残，最后孤独地死去，无人问津。

“心比天高，身为下贱，风流灵巧招人怨。寿夭多因诽谤生，多情公子空牵念。”她太单纯，太不世故，天真地以为守着大观园，守着怡红院，就会有她想要的地老天荒。彩云易散，好梦易醒，多情的贾宝玉，也无力挽救于她。感伤之余，只作一篇《芙蓉女儿诔》以祭之。

这便是大观园里，两种不同心性的女子。宝钗和袭人，有传统女性的美德，她们从不以自己为主角，要么迎合长辈，要么追随宝玉。她们谨守本分，端庄贤惠，从容大雅，得贾府众人喜爱。而黛玉和晴雯爱憎分明，孤高叛逆，虽灵巧别致，风流婉转，却为世俗所弃。

病神瑛泪洒相思地

人世千姿百态，你若顺应别人，就要屈就自我，你若随性而为，不与俗流，难免会惹来碎语闲言。或许，我们只需做真实的自己，不受世扰，若莲花般明净无尘，优雅从容地过完这一生，便好。

宿命难为，多少往事问前因

中国民俗传统节日，凝聚了深厚的历史文化，有着盛世的慷慨与繁华，深受世人喜爱。时光如水，许多典雅的民俗，消失在岁月的涛浪中，已经无从打捞。那些节日，像一幅幅落满尘埃的传统古画，被光阴封存，美好亦珍贵。

《红楼梦》就是一本记载了人情百味的线装书，蕴藏了太多民俗文化。整部书的描写，除了婚丧嫁娶，生辰庆典，最为热闹的，当属传统节日之场景。仅需一本红楼，便可读出古人是如何过传统佳节，每逢佳节，他们又会出生怎样的心情。作者除了对元宵节有别样之情愫，对中秋节，似乎有更深一层的隐喻。

年轮在季节中更迭，红楼里有说过，林黛玉的眼泪，怎禁得春流到秋，冬流到夏。细品红楼，写的是名门望族的春夏秋冬，而读者，在季节的长廊里看尽如画风景，又在不同季节里，发生不同的故事，邂逅不同的尘缘。

民间有说法，中秋大似年。明月浩荡，清澈如水，这一日，亲人得以月下团聚，共度佳节，细说冷暖。《红楼梦》第一回《甄士隐梦幻识通灵，贾雨村风尘怀闺秀》，便写到中秋节。

苏州阊门外十里街仁清巷的乡宦甄士隐，结识了隔壁葫芦庙内寄居的一位穷儒贾雨村。于中秋佳节，家宴结束后，另备一酒席于书房，请贾雨村来赏月。而贾雨村因甄家丫鬟曾两次回顾他，二人眉目传情，此次中秋节落魄他乡，得甄士隐邀请，便踏着清朗月色赴宴。

甄士隐和贾雨村在月下举杯对饮，无限风雅。那一晚姑苏城的月色，比之寻常明亮洁净，温柔多情。可于贾雨村这样一个落魄书生来说，却惆怅万千。他满怀抱负，却苦未逢时，欲进京赶考，又落魄异乡，无以为生。所以会吟出“玉在匮中求善价，钗于奁内待时飞。”之联句。而这幅联，于第一回出现，亦有因由。一玉一钗，隐含了林黛玉和薛宝钗的名字，更寄寓了她们的命运。

当甄士隐得知贾雨村因缺少路费，才不得进京应试，寄宿于葫芦庙时，顿生恻隐之心。取出纹银五十两，冬衣两套，赠送给贾雨村。如此情义，于一个潦倒异乡的书生来说，可谓是雪中送炭。贾雨村拿到这笔资助，次日即刻启程，他无有当面辞别甄士隐，只留下一句话：“读书人不在黄道黑道，总以事理为要，不及面辞了。”

如此性急，自有一种“长风破浪会有时，直挂云帆济沧海”的气势。后他考中进士，做了知府。不久因贪酷徇私被革职，到林如海家做家塾教师。后又在贾政的极力推荐下，飞黄腾达，最终削为平民，空幻一场。一个微小的人物，经历了诸多浮沉故事，所有起落的过程，到最后都化作萧萧秋叶，无声无息。

那个中秋节，姑苏城家家箫管，户户笙歌。对于贾雨村，却是人生一个重要转折日，倘若没有遇见甄士隐，贾雨村也许还在葫芦庙卖字为生，落魄一世。或许平凡，却无须经历那么多起伏波折。

但贾雨村不是一个甘于平淡的人，他希望自己如苍鹰一样，青云直上，不辜负数载寒窗。是甄士隐成全了他的梦想，五十两纹银，让他走向仕途之路。他如戏剧般的人生，是从这个中秋节开始，亦在某个寒月清冷的秋天落幕。

而这场《红楼梦》，亦是从这个中秋开始，又在落叶凋零的秋天消散。如果说《红楼梦》是一盘错综复杂的棋，贾雨村便是那过河的棋子，他的出现，牵引了整个贾府的命运。贾府挨过了无数个春秋，到最后，终抵不过衰败的结局。曹雪芹在第一回安排中秋节上演，是为了告知世人，红楼在月圆之日抵达鼎盛，又在另一个秋天走向衰亡。

富丽堂皇的贾府，有着不可一世的繁盛。元宵节元春回家省亲，有着盛况空前的喧闹。就算平日里，公子小姐的生辰宴会，都要请戏班子，大摆筵席，奢华至极。刘姥姥几度进大观园，贾母皆盛情款待。于贾府来说，哪怕不遇节日，只要有兴致，便随时设宴，其间一顿宴席花费的银两，够寻常百姓生活一年。

那是一个秋高气爽的时节，大观园里一群浪漫的女孩聚于一处赏桂吃螃蟹，这也是《红楼梦》里最诗意、最美好的一次聚宴。林黛玉夺魁菊花诗，薛宝钗咏出螃蟹绝唱。虽是清秋，却没有离别与冷落的气息。整个大观园，似姹紫嫣红的春天，每个角落，都弥漫着青春的味道。这些少男少女，在大观园肆无忌惮地挥霍年华，展示才情，享受着季节带来的美好与愉悦。

似水流年等闲过，再繁盛的家族，亦挨不过三秋。到了该散场之时，任是如何挽留，也回不到当初。第七十五回《开夜宴异兆发悲音，赏中秋新词得佳谶》。这是贾府里的另一个中秋，府里的人聚集于凸碧山庄设宴赏月，但这一次中秋节，却看到贾府的萧条之气。

本是中秋团圆日，聚在一起的人，却少了一半。宝钗姊妹二人不在坐内，她们提前家去圆月。李纨凤姐二人又病，少了这四个人，便觉冷清了好些。而宝玉因晴雯生病，没多少心情，早早回怡红院歇息。贾母见人丁比往年少，心生凉意。

“只听桂花阴里，呜呜咽咽，袅袅悠悠，又生出一缕笛音来，果真比先越发凄凉。大家都寂然而坐，夜静月明，且笛声悲怨。贾母年老带酒之人，听此声音，不免有触于心，禁不住落下泪来。众人彼此都不禁有凄凉寂寞之感，半日，方知贾母伤感，才忙转身赔笑，发语解释。又命暖酒，且住了笛。”

秋夜深凉，盛宴散去，这个清冷的中秋，仿佛是贾府即将败落的预兆。笛声呜咽，再不似当年悠扬轻远。自这个中秋节之后，贾府渐渐退去了往日鼎盛，万般荣耀风流云散。三秋桂子，十里荷香，多么美好的意境，只落得冷清寒凉。月色下，见落花簌簌，曾经喜爱饮酒作乐的老爷公子，听着哀怨笛声也了无兴致。那些太太小姐亦在散去的筵席中，感受寒夜之悲戚。

一直深喜清冷的黛玉，倒不觉寂寥，只是值此月圆之夜，难免怀念故乡之月明。感其飘零身世，终是倚栏垂泪。“事若求全何所乐。”世间不遂心意之事太多，莫说她寄人篱下，就连府内的老爷太太，亦不能事事如愿。

黛玉和湘云几番对白，感慨人生无定，世事难全。想起往年姐妹们聚之一处，起社联句，如今社散了，诗也不做了，欢声笑语亦如昨日云烟。人间无不散之筵席，到了结局时，该是各自须寻各自门。

二人漫步至凹晶馆，这是一个临水赏月的妙境。看皓月清波，听荷风细细，便生了雅兴，联起诗来。亦是这次，湘云吟出“寒塘渡鹤影”清凉之句，而黛玉一句“冷月葬花魂”，更是美得令人神伤。

这个中秋，就连一直深居于栊翠庵的妙玉，亦闲庭信步，游园赏月。她邂逅了正在联诗的黛玉和湘云，听到冷月葬花魂之句，赞叹好诗，却又觉得太过悲凉。于修行之人来说，似闻到不好的预兆。后邀约黛玉和湘云，于栊翠庵吃茶，自取笔墨，将诗续完。

中秋月圆之夜，黛玉吟出如此凄凉之音，她用五个字，预言了自身的命运。黛玉这一生，在大观园里，最美的时光，当是葬花。当年她葬花，后被花葬。她本是绛珠仙草，下世降生，误落红尘，飘零异乡。黛玉死后，留下遗言要回归故里，只是故乡亦无至亲之人。这个如诗如梦的女子，最终葬于冷月，葬于花丛，葬于浩渺的天地间。

每一场盛宴散去，都是红尘梦醒。明月之下，那些灯火人家又将开始，或结束怎样的故事？那些开启的窗扉，是等候谁的到来，又或是为谁送离。世间许多事，皆玄妙难解，但冥冥中，总会有不可言说的预兆，在提醒着我们，或喜悦，或悲伤。

这个中秋节，预约了一场清凉如水的月光。整个贾府，从此在一个又一个荒凉的秋天沦陷。在注定的结果里，每个人都是那么无能为力。多少纷繁的过程，如同这个秋天的萧萧落叶，落入尘泥，了无痕迹。《红楼梦》这部描摹侯门贵族的春秋长卷，终于在秋天走至尾声。

盛世山河，粉黛春秋，我们得到些什么？又能留住些什么？《红楼梦》也不过是将贾府的故事演完，为了某个约定，兑现某个诺言。季节更替，年华老去，如若可以，且让大观园里的女儿，在皓月下静静睡去，再不醒来。这样，是否就可以免去一些因果？抵消某段宿命？

寒塘渡鹤影　冷月葬花魂

笑我情多，好梦由来最易醒

世间万物，有其自身的使命和安排，各有情感，各有故事。众生皆是天地间飘忽的粉尘，或循季而生，或安分守己，或于逆境中生长，不甘接受世事的摆弄。

《红楼梦》以宝、黛、钗三个人的婚姻恋爱为主线，他们的性情，决定了彼此的命运。世人皆喜爱像宝钗、李纨和袭人这样端庄娴雅的女性，认为她们是相夫教子，贤妻良母之典范。于传统世俗中，像宝玉、黛玉和晴雯这样的人物，被苦苦压抑，始终挣脱不了世海沉浮。

贾宝玉就像一块脱俗的美玉，落于贾府，这个封建家族，带给他无上尊荣，亦带给他孤独与悲哀。王夫人说他是“孽根祸胎”“混世魔王”，大家眼里的宝玉，是痴、疯、呆、傻。自从他衔玉来到人间，便注定他将离奇地演绎今生。本是一块顽石，可偏生又通了灵性，幻化成人，尝尽世间爱恨情仇，最后依然幻化为石，回到大荒山无稽崖青埂峰下。

宝玉自小就喜爱女性，崇拜女性，尊重女性。他在脂粉堆里长大，与众姐妹一同嬉戏，取百花做胭脂膏子，为她们描眉梳妆。他对女性，温柔体贴，恩宠爱慕，亦同情呵护。众多姐妹中，宝玉最钟情、最欣赏的是林黛玉，彼此视作知己。宝玉对黛玉之身世、性情、病体都关爱备至，一切皆因他们前世未了的情缘。

黛玉初见宝玉，便吃一大惊，心下想道："好生奇怪，倒像在哪里见过一般，何等眼熟到如此。"而宝玉却说："虽然未曾见过他，然我看着面善，心里就算是旧相识，今日只作远别重逢，亦未为不可。"他们一见如故，后相知相惜，一往情深，他们皆有叛逆的思想，不肯随波逐流。

林黛玉从来不说"混账话"，她对宝玉所做的一切，皆可认同，都能理解。宝玉挨打，黛玉去探看，抽咽说："你从此可都改了罢。"宝玉叹道："你放心，别说这样话。就便为这些人死了，也是情愿的！"他们心性相通，惺惺相惜，奈何在贾府，这段感情不被人认可。宝玉虽一直依赖袭人，但他心里，最为疼爱的还是灵巧风流的晴雯。

一直以来，贾宝玉最反感的就是官宦清客之间的虚伪逢迎，他无意于立身扬名，走经济仕途之道。但他却偏偏生在官宦公侯世家，其父亲贾政对他寄予过高的期望，逼他读厌恶痛绝的八股文，勉强他去和那些官宦应酬。就连他不喜欢的姻缘，也是被迫的，他没能如愿以偿和林黛玉共结连理。种种不如意，让他困顿失落，最后断绝红尘，走上放逐之路。

在贾府，除了和姐妹们嬉戏玩闹，猜谜作诗，再没有什么事让他上心在意。虽生于殷实鼎盛之家，却不屑于名利，他视富贵若云烟，向往的只是风花雪月的美好。在这些冰洁女子的身上，他感受到诗酒年华的愉悦，他盼着花开不谢，而园中的姐妹，亦相伴不散。任凭外界物转星移，他所居住的大观园，一人一情，一草一木皆不要更换。

金玉良缘，是贾宝玉和林黛玉挥之不去的梦魇。金玉在宝玉眼中，本是俗物，佩戴于身，不过彰显了贵族的身份，再无其他寄寓。他极力想要抵抗这种媚俗，多次做出砸玉这般荒唐之事。其实，他砸的并非是通灵宝玉，而是想脱离美玉的束缚，他想要做真正的富贵闲人。

宝玉有通灵玉，薛宝钗有个黄金锁，于是有了金玉良缘的说法。黛玉曾懊恼，就算有金玉之说，亦该她拿金来配玉，为何偏偏是宝钗。素日里，宝玉和黛玉发生的吵闹，争执，多因金玉而起。宝钗是皇家富商之女，家世显赫，且品格端庄，举止娴雅，艳丽超群。于为人处世上，宝钗比之黛玉，更得人心。

黛玉之才貌，绝不输于宝钗，甚至超胜于她。但她那种与生俱来的悲剧性格，为封建社会所不能推崇，她傲世之情怀，只能受压抑。宝玉曾梦里喊道：“和尚、道士的话如何信得？什么金玉良缘，我偏说木石姻缘！”

金与玉，寄寓富贵与荣华，为封建官宦家族所认可。木与石，属于山野之物，百姓人家，与官宦世家毫不相配。林黛玉时常说自

贾宝玉奇缘识金锁 薛宝钗巧合认通灵

己是草木之人，无有金玉相随，可宝玉却不以为然，誓与之同生共死。宝钗和黛玉，是大观园里，两道最亮丽的风景，但黛玉终究还是输给了黄金锁。

贾母是贾府最高权位者，她对宝玉宠溺有加，视作心肝宝贝。她对黛玉，亦是万千宠爱。曾说："我这么多儿女，所疼者独有你母亲。"如今黛玉之母贾敏去世，对着孤女黛玉，贾母怎能不宠之爱之。贾母安排黛玉的饮食起居和宝玉相同，这是贾府其他几位小姐所不能企及的。

因为贾母对黛玉的疼爱，府中上下亦难免迎合，尤其是王熙凤，对林黛玉最为呵护关照。可偏偏于此时，来了一个佩戴黄金锁的薛宝钗，又才貌超众，大方端重，为人随和稳重，比之娇弱多疑的林黛玉，更有气度，更显涵养。

宝钗乃王夫人妹妹薛姨妈的女儿，王夫人自是偏袒于她。尤其在金钏儿投井后，宝钗拿话安慰于她，她对宝钗的喜爱比之从前更甚。后来，做皇妃的元春，表明了喜爱宝钗之态度。端午给园中姐妹的礼物，宝玉和宝钗的一样，黛玉却和众姐妹相同。性情耿直的湘云，对宝钗超出寻常的敬重和爱戴。曾说："这些姐妹们，再没有一个比宝姐姐好的！我但凡有这么个姐姐，就是没了父母，也没妨碍的！"

直至最后，一直宠爱黛玉的贾母，也说她性格乖僻了些，恐不多寿，而选择薛宝钗做贾家二少奶奶。其实，贾母并非是一位世故的老太太，她虽年事已高，却喜儿孙绕膝，喜伶俐聪慧的凤姐。大观园里，她最爱的，便是那两个性情怪癖的玉儿。

在贾母的心里，并不赞同金玉良缘，她对黛玉之喜爱，出于真心，无须掩饰。在她心底，早已暗自安排宝黛这段情缘。素日里，她喜园内的姑娘一起聚会吟咏，也爱和她们一起吃酒行令。她欣赏晴雯、岫烟这样的人物，对袭人之心反是次之。

但后来，金玉良缘终被促成，贾府日趋没落，贾母亦不能力挽狂澜。王熙凤亦将素日对黛玉之心，偏向了宝钗，她只有顺势而为。宝玉和黛玉这对情侣，被无情拆散。黛玉泪尽而亡，而宝玉挣不脱宿命安排，空对着山中高士晶莹雪，终不忘世外仙姝寂寞林。

黛玉输了，输给了现实，输给了传统礼教，输给了薛宝钗。大观园里的晴雯，也输了。她是贾府丫鬟里，长得最美，也最灵巧的，她得贾母喜爱，受宝玉恩宠。但她的命运却可悲可叹，这一切源于她的美，美成了一种过失，成为伤害自己的利刃。

王夫人不喜欢她，嫌她过于狐媚，会蛊惑宝玉。然而，晴雯为人端正，从无有勾引宝玉之行为，更无偷懒犯错之事实。晴雯若西施的美貌和任性率直的性情，让王夫人放不下心，以至于冷酷地将晴雯逐出贾府，致使她病死在穷困的家里。她遭受诽谤污蔑，这一切，皆因为她玲珑美丽，过于天真无邪，不懂得保护自己。

宝玉挨打之后，袭人在王夫人面前所说的一番话，令王夫人对其更是改观。素日里，王夫人便喜欢像宝钗、袭人这样端庄的淑女，认为她们可以相夫教子，与宝玉般配。晴雯之死，让宝玉万般悲恸，内心又隐隐不安，这些不安，与她和黛玉的将来相关。他似乎提前意识到，在贾府，过于完美是一种错误，晴雯和黛玉的错，是太多洁净灵秀。

黛玉的诗情，寄寓无限哀伤。《葬花吟》写出这位叛逆女性，花落人亡的悲惨命运。《五美吟》所述的，亦是古史中，那些有才色的女子，最终令人悲叹的际遇与落寞的结局。她来人世一遭，除了还清一段泪债，便是和诗词，做了一生的知己。

宝钗规劝过黛玉，说诗词不过是闺中游戏，切莫过于投入，因此移了性情。告诉黛玉，女子不要这些才情的好。宝玉、黛玉和晴雯，皆追寻理想的人格自由，他们的内心冰清玉洁，却为世所欺。晴雯死了，黛玉死了，独留宝玉一人，但薄弱的他，怎抵得过万千红尘。

富贵散了，大观园败落了，宝玉知浮华人世，不过一梦。他看破了，遁入空门，回首处，白茫茫大地，真干净。

尘缘路上，就这样擦肩而过

后来才知道，每个人到世间，都是来还债的。还清前世所欠下的债，又将遗憾留给今生。又或者说，来赴约，赴一场未了的约定。也许这就是所谓的因果，只是不知尘缘路上，有多少人与你久别重逢，又有多少人与你擦肩而过。

每次读罢红楼，都有一种难以言说的惆怅与落寞。大观园中的风景，永远那么耐人追思，为之婉转不尽。无论是亭台楼阁，还是寒桥瘦水，皆能营造出一种摄人心魄之意境。《红楼梦》写尽贾府这个家族之兴盛荣辱，千姿百态、包罗万象的场景，令人流连忘返。这部岁月长卷，不知消磨了多少人的光阴，仿佛每个人都可以在里面找到自己的影子，找到生活中，与梦中的自己。

所以众生皆喜爱于红楼里寻梦，其间有琴棋书画诗酒花，也有柴米油盐酱醋茶。红楼容纳了天下事，故天下人都有一本《红楼梦》。你以为在梦里可以诗意纯粹地活着，却不知梦里梦外，皆弥漫着烟火。大观园的景致，其实和红尘所见之景，并无区别，每个人都在为名利忙碌，为情爱奔走，为世间琐碎之事而低眉折腰。

宝玉和黛玉，便是大观园里，最清绝的风景。他们之间，于前世便有一段宿约，他们落于贾府的使命，是为了重逢，还债。世人之所以那么喜爱林黛玉，仰慕林黛玉，皆因了她的诗意和柔弱，纯粹与决绝。她似乎可以未卜先知，所以生性喜冷清，不喜多聚。可是清醒如她，骄傲如她，亦逃不过情劫。

在贾府，还有一个逃不过情劫的女子，叫尤三姐。她生得风流标致，打扮得出色娇艳，有着千万人不及的风情体态。她个性倔强泼辣，刚烈清白。这部书中，尤三姐并不是主角，所占的笔墨亦不多。但这个人物却无比鲜活，仿佛被浸泡于水中，从不曾枯萎。那是因为尤三姐以最决绝最激烈的方式，来了断她的情缘，挥剑自刎的那一刻，令多少人为之叫绝，为之叹息，又为之流泪。

尤三姐生下来就是个不幸的女子，她被尤氏带进宁国府，从此贾珍、贾琏、贾蓉等好色之徒，对其颇为馋涎。她本身份卑贱，却有着倾国倾城之容貌。贾珍说："所见过的上下贵族若干女子，皆未有此绰约风流者"。她的美不同于大观园里的诸多女子，甚至黛玉和宝钗，都不及她的万种风韵。她美得生动、明艳，美得妩媚、妖娆。正是因为她美到极致，才会令那些男人垂涎欲滴。

尤三姐不似尤二姐，渴望攀高枝，希望有朝一日摆脱贫困卑贱的生活。她比之尤二姐多了几分清醒，几分自持。她明知宁国府里处处都是污秽，但为了生存，仍对贾珍、贾蓉之辈的浪荡公子虚与委蛇，倾颜欢笑。因为她的贞烈，令贾珍他们不敢对她过于造次和逼迫。她之言语有时就像一把利刃，刺伤别人，也刺痛自己。

“那三姐儿天天挑拣穿吃，打了银的，又要金的；有了珠子，又要宝石；吃着肥鹅，又宰肥鸭；或不趁心，连桌一推；衣裳不如意，不论绫缎新整，便用剪子铰碎，撕一条，骂一句。”这一切，皆是尤三姐为了掩饰内心的痛苦，故做出的违心之举。她用偏激的方式，来宣泄对世俗的不满，用放荡的行为，来谴责惩罚自己。她在凡尘泥淖中，越是挣扎，陷得越深。但她始终如一朵红尘净莲，根植于淤泥中，花叶却清洁如初。

所以尤三姐是清白的，并且一直捍卫着她的清白。她并没有因为生长在宁国府那片肮脏的土地上，而染了浊味。她虽放浪形骸，却从来没有真正地堕落。她希望有一天可以将自己，清白地交给一个值得托付的男人，这个人，也确实在她的生命里出现了。五年前为了柳湘莲惊鸿一瞥，从此她将爱恋藏于心中，她渴望能与这个男子再度重逢，与他离开这茫茫苦海，携手天涯，朝暮相随。

柳湘莲，又称冷二郎，原系世家子弟。是个性情豪爽，风流倜傥的英俊男子。酷好耍枪舞剑，赌博吃酒，以至眠花宿柳，吹笛弹筝，无所不为。因为生得美，所以喜欢在戏班客串，擅演生旦风月戏文。亦因此，方与尤三姐结下一段不解的宿缘。

尤三姐耻情归地府　冷二郎心冷入空门

柳湘莲本是江湖儿女，故当贾琏为他说媒，将尤三姐这般绝色女子许配他时，他立即应允。并爽朗地解下随身携带的祖传鸳鸯剑，作为信物。尤三姐手捧鸳鸯剑，百感交集，忆起五年前萍水相逢，如今总算是守得云开见月明。自此她持着鸳鸯剑，开始了一段幸福的等待。

“若有了姓柳的来，我便嫁他。从今儿起，我吃斋念佛，服侍母亲；等来了嫁了他去；若一百年不来，我自己修行去了。”尤三姐之所以会如此执着，是因为柳湘莲给了她洁净的希望。在她眼里，柳湘莲是一位正直干净的男子，唯有这个男子，可以将她救赎。他是她渡河的舟，是她暗夜里的灯火，是她雪境中的暖炭。

尤三姐以为这对鸳鸯剑，可以斩断昨日种种苦难，可以粉碎丑陋的现世。以为从此能够和柳湘莲清白地生活，拥有一份她梦寐以求的干净。她错了。在她迈进宁国府的那一瞬间，她注定不再清白。或者说没有谁会相信她的清白，因为她陷身于一个巨大的染缸里，再也回不到初时的纯净。

几个月后，柳湘莲进京，跟宝玉谈及此事，略带疑虑地问宝玉："我平素和她没什么来往，她为何对我如此钟情？"宝玉忙说："你以前总是说要个绝色，如今这尤三姐果真是天下无双，你为什么又如此多心呢？"

柳湘莲又问起尤三姐的来历，当他听说三姐寄居于宁国府，心中一惊，跺脚嚷道："这事不好了，断乎做不得了！你们东府里除了那两个石头狮子干净，只怕连猫儿狗儿都不干净。我不做这王八。"一席对话，急得宝玉满脸通红，二人不欢而散。

和宝玉分开后的柳湘莲，急忙赶至贾琏和尤家，说道："我姑姑已经给我订下亲事，没有办法，只得请奉还宝剑。"贾琏一听着了急，叫道："这婚姻大事，岂能当作儿戏？既然已经定好，那就不能随意反悔！"湘莲说："我宁愿受罚，可这门亲事实在不敢从命。"

躲在屋内的尤三姐，见柳湘莲到来，满心欢喜。却不知，他是来退婚的，便断定他一定在外边听到什么闲话，把她当成下流不贞洁之人。她从墙上摘下鸳鸯剑走出来说道："你们也不必再说了，还给你的定礼。"说完泪如雨下，一手把剑递给湘莲，一手按住剑柄，使劲一拔，把剑往颈上一横。顿时，揉碎桃花红满地，玉山倾倒再难扶。

一片痴心，换来如此猜忌和侮辱，尤三姐的梦碎了，她别无选择，只能以死来证实自己的清白。她要让柳湘莲为他的过错，懊悔一生。“宁可枝头抱香死，何曾吹落北风中”。血似桃花，无比醒目，那惊心动魄的一剑，斩断了所有的孽缘情债。她在微笑中解脱，对这红尘，再无丝毫留恋。余下茫然不知所措的柳湘莲，抱着她的遗体，痛哭流涕。

柳湘莲愧疚难当，悲剧已然酿成，不可弥补。回首前缘，似梦非梦，看茫茫天地，悠悠桑田，不知何去何从。失魂落魄的他，来至一破庙前，见一个衣衫褴褛的跛脚道士。于是当即抽出宝剑，断去三千烦恼丝，与那道人飘然远去，下落不明。而尤三姐那一缕香魂，依旧在尘间飘荡，只是此生，他们再不能相逢。

脂砚斋以“情”字来评点这一回。“余叹世人不识情字，常把淫字当作情字，殊不知淫里无情，情里无淫，淫必伤情，情必戒淫，情断处淫生，淫断处情生。三姐项下一横是绝情，乃是正情；湘莲万根皆削是无情，乃是至情。生为情人，死为情鬼，故结句曰‘来自情天，去自情地’，岂非一篇尽情文字？再看他书，则全是淫，不是情了。”

一段血泪之情，生死之情，就这样以悲剧结束。尤三姐死了，柳湘莲出家为道。林黛玉死了，贾宝玉遁入空门。看罢这样的生死之恋，贾府里那些男欢女爱，又算得了什么。都说聚散随缘，可失去的那一瞬，谁又能做到真正的坦然。难道看着至爱之人死去，依旧可以安然无事，继续好好地生活？柳湘莲做不到，贾宝玉也做不到，红尘诸多俗子都做不到。

这是一种残缺破碎的美，所谓悲剧，莫过如此。唯有悲剧，方能让人在无限惆怅中不得释怀，自此铭心刻骨，永不相忘。倘若《红楼梦》有一个完美的结局，那么任凭过程如何跌宕起伏，都会显得单薄无力，不再精彩。因为破碎，所以步步惊心，因为破碎，他们的爱情，才会成为绝唱。

我们是谁，我们的前世又欠下谁的债？答案无人可知，唯有走过悲欢岁月，方明白人生最终归宿在哪里。其实，无论此生是热烈，或是平淡，都只是来红尘歇足而已。有一天，了却宿债，就如同柳湘莲那般绝尘而去，永不归来。

卷三　群芳争艳

风露清愁，莫怨东风当自嗟

她姿容绝代，才压群芳；她冰雪聪慧，举世无双；她孤标傲世，寂寥无主。她本天界仙草，非凡骨俗胎，奈何为了一段情缘，而下凡历劫，还泪报恩。

林黛玉的前世，为离恨天上三生石畔一棵绛珠仙草，日见枯萎时，得赤霞宫神瑛侍者灌溉。天地灵气而修成女体，只因尚未酬报灌溉之德，故其五内便郁结着一段缠绵不尽之意。恰神瑛侍者凡心偶炽，意欲下凡造历幻缘。绛珠仙子道：“他是甘露之惠，我并无此水可还。他既下世为人，我也去下世为人，但把我一生所有的眼泪还他，也偿还得过他了。”

黛玉带着还泪之说，来到人间，她未落凡尘，就被批了宿命。此一生，她为宿命所牵，不得挣脱，直到泪尽人亡，方不欠前世之情缘，不落今生之爱恨。

“千红一哭，万艳同悲”。红楼女儿有着相同的悲剧命运，最悲者，或许不是林黛玉，但凄美绝伦，旷世绝代，则非她莫属。鬟儿才貌世应稀，这就是林黛玉，她在大观园，出类拔萃，卓然不群。她有着江南女子的温婉灵秀，其病态之美，诗性之美，为诸多女子所不及。

为一段灌溉之恩，她以一生眼泪还之，可她又赚取了多少人的眼泪，若真有因果，那么黛玉又需经多少世，方能还清这些莫名的债约？她的性情，为命运而造就，亦因此，造就了她冷清孤寂的人生。

黛玉初进贾府，曾说："我自来是如此，从会吃饮食时便吃药，到今日未断，请了多少名医修方配药，皆不见效。那一年我三岁时，听得说来了一个癞头和尚，说要化我去出家，我父母固是不从。他又说：既舍不得他，只怕他的病一生也不能好的了。若要好时，除非从此以后总不许见哭声，除父母之外，凡有外姓亲友之人，一概不见，方可平安了此一世。"

凡有外姓亲友之人，一概不见，方可平安一世。可黛玉偏偏年幼丧母，孤苦无依寄居贾府，故她的病，一生无论服多少药，皆不得好。倘若她身体康健，有双亲疼爱，亦不会天涯流转，寄人篱下，更不会与贾宝玉相逢，也不会有这段情缘，与那么多的伤感。

王熙凤见黛玉时惊叹道："天下竟有这样标致人儿！我今日才算看见了！"宝玉见之，更觉黛玉形容与众各别："两弯似蹙非蹙罥烟眉，一双似喜非喜含情目。态生两靥之愁，娇袭一身之病。

泪光点点，娇喘微微。闲静时如姣花照水，行动处似弱柳扶风。心较比干多一窍，病如西子胜三分。”

宝玉说她是神仙般的妹妹，虽未曾见过，却有久别重逢之感。黛玉有着西施般的清瘦之美，这种美，出尘脱俗，清雅绝代。宝玉初见黛玉，便送她一妙字，颦颦。只道她眉间若蹙，袅娜风流，美得凄婉，美得惊艳。

黛玉远别故里，寄人篱下，加之她柔弱多情，心思自是比寻常人更多愁善感。亦因为愁惧伤远，给自己增添无限烦恼与惆怅。第一次相见，宝玉便为她砸玉，令其惊恐落泪。此后，这块通灵宝玉，成了黛玉的心病，而金玉良缘，更是断送了她一生的幸福。

黛玉内心柔软，生性敏感，素日常因一些微小之事，而莫名神伤。她去怡红院叩门，晴雯未听出声音，将其拒于门外。“正在伤心垂泪之时，又听见宝玉宝钗的笑语声，越发动了气。越想越觉伤感；便也不顾苍台露冷，花径风寒，独立墙角边花荫之下，悲悲切切，呜咽起来。”

周瑞家的送宫花给她，她疑心是别人挑剩下的，流露出不悦之色，让人觉得她不及宝钗之气度。黛玉病重时，被噩梦惊醒，一个老婆子在院里骂她的外甥女，黛玉却误以为骂自己，气恼得病情加重。

种种敏感，疑心，都与其身世相关。她虽处钟鸣鼎食之家，却境况堪怜，寄人屋檐，一草一木，一纸一物，皆是别人所赐。她带

周瑞送各姊妹宫花

着与生俱来的骄傲，家境虽不及贾府殷实，却也是官宦小姐，书香门第。若我们用悲悯之心，感其遭遇，或许不会说她目无下尘，孤僻病态。

贾府之人，皆认为宝钗处世庄重，举止娴雅，而黛玉尖酸刻薄，孤标傲世。可黛玉真的目无下尘么？她其实是个单纯天真之人，谦和亦有修养。黛玉对下人从未生过小姐脾气，更无恶语相伤，她不惊世，不扰人，只在她的潇湘馆，伤春悲秋，与人无尤。

佳蕙去潇湘馆送茶叶，恰逢黛玉给丫头分钱，顺手抓了两把给她。宝钗命婆子去送燕窝，黛玉也拿了五百钱给她打酒吃。宝玉曾说过，她对晴雯是极好的，甚至对许多丫鬟，都有情有义。她不似宝钗，为人圆润通透，八面玲珑，她心性纯真坦率，不拘小节。

黛玉视紫鹃亲如姐妹，诚挚之情令人感动。她教香菱作诗，细心讲解阅读，取自己的诗集珍本借之，其心干净如水。湘云把她比作戏子，她当时气恼，却不存于心。随后便拿宝玉写的《寄生草》，与宝钗和湘云同看，嬉笑玩乐。

黛玉平日对宝钗，确有些小心眼，只因她所有心结，皆因宝钗而起。然宝钗对之略表关怀，黛玉便肝胆相照，再无芥蒂之心。“你素日待人，固然是极好的，然我最是个多心的，只当你心里藏奸。从前日你说看杂书不好，又劝我那些好话，竟大感激你。往日竟是我错了，实在误到如今。”

此番之后，黛玉收起了往日种种猜嫌，甚至忽略了金玉良缘给其带来的烦忧与伤害。她待宝钗如亲姐姐一般，比其他姐妹都亲。她们一起结社吟诗，黛玉亦不计较高低，甚至总夸赞别人的词句好。这样一位冰雪美人，又怎会尖酸刻薄，孤冷清高呢？黛玉之所以不如宝钗那般深得人心，皆因她率性而为，不拘俗礼，而宝钗与世相容，洒脱自如。

黛玉心慧言巧，书中多次有细致入微的描写。那一日，宝玉的通灵玉和宝钗的黄金锁初遇，恰好这时黛玉来了。一见宝玉，她便说道：“哎哟！我来得不巧了！”宝钗笑问“这是怎么说？”黛玉道：“早知他来，我就不来了。”宝钗又问“这是什么意思？”黛玉道：“什么意思呢，来呢一齐来，不来一个也不来；今儿他来；明儿我来，间错开了来，岂不天天有人来呢？也不至太冷落，也不至太热闹。”

还有一次，宝玉看宝钗雪白的臂膀发呆。这时，“只见黛玉蹬着门槛子，嘴里咬着绢子笑呢。宝钗道：‘你又禁不得风吹，怎么又站在那风口里？’宝玉道：‘何曾不是在房里来着？只因听见天上一声叫，出来瞧了瞧原来是个呆雁。’宝钗道：‘呆雁在哪里呢？我也瞧瞧。’黛玉道：‘我才出来，他就忒儿的一声飞了。’嘴里说着，将手里的绢子一甩，向宝玉脸上甩来。”

黛玉之伶牙俐齿，大观园女儿无人可及。她将妒意表达得那般含蓄又锐利，讽刺之语，亦显得调皮可爱。宝钗道：“颦儿的一张嘴，真真叫人又爱又恨。”大观园里，能说会道之人许多，但黛玉之典雅俊慧者，寻之不得。

黛玉的美，在于她病如西施的柔弱之美，悲情之美。“身体面庞虽怯弱不胜，却有一段自然的风流态度。”黛玉成日生病，为此贾母不知请了多少名医，开了多少处方，服用多少珍稀药材。她的潇湘馆里，整日弥漫着药香，但百草尝尽，依旧柔弱病骨，我见犹怜。

黛玉另一种美，在于她浓郁的诗人气质。她是大观园里的才女，海棠社缘起于探春，但黛玉有咏絮之才，其诗词最见风流底韵。论博学多识，黛玉也许略逊于宝钗，但作诗敏捷，新颖别致，林黛玉自是才压群芳。

黛玉之诗，融情于景，于她眼中，万物有灵，草木有情。其诗皆是通过咏物来抒发内心的悲伤与人生际遇。她的咏絮词，一句“草木也知愁，韶华竟白头”，读罢令人心痛神伤。看似咏柳，实则写自己飘忽之身世，以及渺渺不定的爱情。

黛玉之菊花诗，含情入景，菊人合一。“孤标傲世偕谁隐，一样花开为底迟。”她的菊，不入俗尘，高洁清雅，与世无争。她的《桃花行》《秋窗风雨夕》《题帕诗》和《五美吟》，皆寄寓深刻，诗如其人，亦如其情、其心，感人至深。

黛玉一生之悲剧命运，莫过于那首《葬花吟》。“一年三百六十日，风刀霜剑严相逼。”她用诗歌，来低诉现实的无情，人世之薄凉。而“一朝春尽红颜老，花落人亡两不知。”亦是在感花伤己，她知最终的结局，是花落人亡，渺渺无踪。

“侬今葬花人笑痴，他年葬侬知是谁。”黛玉所葬的，又岂止是残败的落红，她葬下了整个春天，以及对爱情的憧憬。她临死之时，说自己身子是洁净的，要运回故里，葬于洁净之处。她是那落红，不肯随水漂流，愿落地成尘，不被世惊。

黛玉是一个诗性的女子，她一生除了与宝玉这段美好的情缘，便和诗书做了知己。诗可抒内心难言之情愫，懂离合悲欢，更可洗尽灵魂。她是一朵清露芙蓉，以诗词为肌骨，带着洁净的情思，于红尘孤独绽放。

林黛玉还有一种绝代出尘的美，为叛逆之美。她一生向往自由，惧怕凡尘束缚，将自己沉醉于诗的境界里，愿爱自己所爱，喜自己所喜。薛宝钗认为对诗词不宜过于耽溺，莫要移了性情。那是个女子无才便是德的社会，而林黛玉却用生命来爱文字。

在《五美吟》中，黛玉赞扬红拂私奔之壮举。她读《西厢记》，欣赏崔莺莺追求爱情之勇气。她把《牡丹亭》中的词句引为酒令，并为之神魂颠倒。她与被称为“混世魔王”的贾宝玉认作知己，同住同修，同情同心。

贾宝玉被其母称作孽胎祸根，他厌恶仕途经济，厌恶官场的虚伪逢迎。而林黛玉在他面前从不说那些混账话，故宝玉深敬黛玉，亦深爱黛玉。在整个贾府，唯有这个怯弱女子，懂得他，理解他，从不给他带来逼迫与伤害。可叹他们的勇敢，不被世容，他们试图挣脱凡尘俗礼，但是失败了，落得花谢人亡之凄凉下场。

林黛玉来人间，真的只是为了还泪，她对宝玉之心，至死不渝。她泪尽之时，便焚稿断痴，她用诗和泪，与这无情的世俗，做最后伤感的别离。当她注定要失去所爱之人时，便毫不犹豫地交付生命。她做到了为情而生，为情而死。

含怨焚稿，含恨而死。可她真的有恨么？她为还泪而来，如今债约了断，该是轻松离去，于尘世再无牵挂，亦无遗憾。她不过是返回天界，做回那棵绛珠仙草，在离恨天上，三生石畔，冷看人间烟火，过客往来。

艳冠群芳，任是无情也动人

“若教解语应倾国，任是无情也动人。”说的是薛宝钗，她之雍容华贵，端庄情态，如牡丹，艳冠群芳。她是大观园里的无情之人，却又多情动人。她沉稳从容，外冷内热，曹雪芹将其喻为国色天香的牡丹。

书中描写宝钗，是一位绝代美人。“头上挽着漆黑油光的纂儿，蜜合色棉袄，玫瑰紫二色金银鼠比肩褂，葱黄绫棉裙，一色半新不旧，看去不觉奢华。唇不点而红，眉不画而翠，脸若银盆，眼如水杏。罕言寡语，人谓藏愚；安分随时，自云守拙。”

宝钗体态丰盈，肌肤胜雪，似一朵端雅华贵的白牡丹。有一回，宝玉不慎对宝钗说：“怪不得他们拿姐姐比杨妃，原来也体丰怯热。”惹得宝钗气恼，道：“我倒像杨妃，只是没一个好哥哥好兄弟可以作得杨国忠的！”

幼时读红楼，心里除了黛玉和宝玉那段凄美缠绵之爱情，余下的万千风景都装不下。那时以为宝钗性情冷漠，城府极深，虚伪逢迎，是个有心机的女子。后有了人生阅历，经世海飘零，光阴漂洗，对红楼人物，红楼故事，亦有了更多深刻的认知。

林黛玉和薛宝钗，本是两个不同性情的女子，又怎可相提并论。有人喜黛玉而厌宝钗只道黛玉纯情高洁，玉骨冰肌，宝钗八面玲珑，虚情阴冷。亦有人喜宝钗而厌黛玉，说宝钗举止娴雅，宽容大度，而黛玉孤高清冷，目无下尘。

黛玉和宝钗，是大观园里容貌惊世，才情绝代之女子。黛玉有着江南女子的钟灵毓秀，含诗人气质，有弱如西施的病态之美。而宝钗端庄大气，天资风韵，处世成熟，皆胜于黛玉。黛玉之美，若空谷幽兰，不染纤尘；宝钗之美，端然于世，落落大方。

闹闺阃薛宝钗吞声

“淡极始知花更艳”。宝钗之美，不艳俗，不世故，她虽风华绝代，却朴素清淡。癞头和尚给了宝钗一个药方，名曰“冷香丸”。它的配方，取春夏秋冬四季之名花花蕊制作，埋于花树根下，发病时服用。一幅丸药，需历四时风雪，尝人间甘苦，寄寓宝钗之人生，经岁序苦修，方可超脱。

宝钗不仅服冷香丸，素日亦不喜奢华，不施粉黛。唯一佩戴之物，则是那块黄金锁，刻着“不离不弃，芳龄永继”八个字。入了贾府后，与宝玉随身佩戴的通灵宝玉所刻的“莫失莫忘，仙寿恒昌”恰好成了一对，自此有了金玉良缘之说。

宝钗居蘅芜苑，栽种奇草仙藤，显得苍翠清冷。而她屋内的摆设，全然不像小姐闺房那般精致。“及进了房屋，雪洞一般，一色玩器全无，案上只有一个土定瓶中供着数枝菊花，并两部书，茶奁茶杯而已。床上只吊着青纱帐幔，衾褥也十分朴素。”

薛宝钗乃皇商之女，生于珍珠如土金如铁的薛家。她却毫不奢华，简约清守，贞静安详，从容大雅。宝钗进京是为了备选“才人、赞善”之职，后不知缘由而无入选机会，方和母兄寄住贾府。她的到来，给大观园添了一道明净的风景，却也给黛玉带来无尽的烦恼。

宝钗亦不过是一个柔弱女子，虽有显赫家世，却只有一个寡母相伴。其兄薛蟠为人骄横跋扈，平日只知斗鸡走马，游山玩水。纵宝钗高才雅量，亦无法掌控自己的命运。她自小受封建礼教太深，注定只能做一个端淑贤惠之女子。

所以，宝钗多次劝宝玉走仕途经济，立身扬名之道，反遭宝玉对其厌烦。并气恼道：“好好的一个清白女子，也学的沽名钓誉，入了国贼禄鬼之流。”她更提醒黛玉：“女子无才便是德，诗词不能入得太深，免得移了性情”。宝钗并非是那种阴冷，有心机之人，只是受封建礼教禁锢太深，不得解脱。她最终成了封建社会的牺牲者，未能逃过悲剧的命运。

贾府上下，皆喜宝钗处世为人，她宽宏大量有涵养。对人一样心肠，对长辈尊敬爱戴，于丫鬟也不严厉。但又不喜与人过于亲近，素日不与丫鬟打闹嬉戏，令人觉得亲和，又远之。她处世之道是：“不干己事不开口，一问摇头三不知”。

贾母说，从自家四个女孩儿算起，全不如宝丫头。林黛玉也说，谁也挑不出宝姐姐的短处。就连赵姨娘都夸赞宝钗，真是大户人家的姑娘，又展样，又大方，叫人敬服。这样一个完美女性，宝玉对其敬重，却无爱意。

宝钗对长辈极尽奉承，又或许是一种尊重。她生辰之日，贾母问其爱吃什么，爱听什么戏，她知贾母“喜看热闹戏文，爱吃甜烂之物”，便依着意思去说。金钏儿投井自杀，她却安慰王夫人，说金钏儿只是不小心失足落井，断不会自寻短见。若真是，也只是个糊涂人，死了也不为之可惜，多赏几两银子就是。

王夫人说，黛玉过生日本有两套新裳，却不好拿给金钏儿。因黛玉素日多病，又心性多疑，宝钗主动提出，自己不忌讳这些，愿取自己新裳给金钏儿装点。这就是宝钗的处世方式，她宽容，有气度，识大体，不拘泥。

任是无情也动人，她之无情，是对生死贵贱，怀恬淡漠然之心。她动人之处，则是她的美貌与才学。宝钗扑蝶，像一幅生动活泼的仕女图。她扑蝶至滴翠亭，隔窗无意听见小红和坠儿的私情话，自知无法躲避，便使了个金蝉脱壳之法，故意喊："颦儿，我看你往哪里藏"，还问红玉坠儿："你们把林姑娘藏哪里了？"

有人说宝钗有意嫁祸给黛玉，她明哲保身，透露出她的虚伪和自私。又或者，宝钗只是一时情急，喊出颦儿之名，而非有意处心积虑，要牵连黛玉。但她毕竟这么做了，令人思量。

薛宝钗不仅容貌倾国，亦天资聪慧，博学宏览。她对文学、艺术、历史、医学以至诸子百家、佛学经典，都有广泛的涉猎和渊博的知识。贾宝玉曾几度夸她学识渊博，元妃省亲时，指点宝玉将诗中"绿玉"改"绿腊"。

后生日宴会听戏，宝钗才思敏捷，落落大方读出那首《寄生草》，可见她对文学艺术和禅学的修养。其实，宝钗内心也有迷惘，有追求，只是不似黛玉那般对情太真，入戏太深，她愿意顺应生活，遵从命运。

大观园里，唯有宝钗之才，宝钗之诗能与黛玉相比。她诗境深邃，含蓄浑厚，具有牡丹的雍容典雅。又有朴素恬淡之风，谦和含蓄。她通晓人情世事，深知看似繁盛的贾府，实则暗藏波涛，她只想逃避纷扰，给心灵以清静，以不争。

薛宝钗为人宽厚，豁达大度。因金玉良缘，黛玉对其一直心存芥蒂，视之为情敌。多次用言语讥讽挖苦宝钗，宝钗却不与之计较。后来，还劝黛玉不要读《西厢记》《牡丹亭》等闲书，又托人雨夜送燕窝给黛玉，道出一番知心话，让黛玉深为感动。

黛玉叹道："你素日待人，固然是极好的，然我最是个多心的人，只当你心里藏奸。从前日你说看杂书不好，又劝我那些好话，竟大感激你。往日竟是我错了，实在误到如今……比如若是你说了那个，我再不轻放过你的，你竟不介意，反劝我那些话，可知我竟自误了。"冰雪聪明的黛玉，此番认可了宝钗之为人，可见宝钗真不是那种心中藏奸之人。

史湘云最喜薛宝钗，她说："这些姐妹们，再没有一个比宝姐姐好的！""我但凡有这么个姐姐，就是没了父母，也没妨碍的！"薛宝钗资助史湘云办螃蟹宴，送燕窝给黛玉，邢岫烟没钱当了冬衣，她命莺儿瞒着众人为其赎回。

宝钗待人宽厚，体贴入微，她如此助人，不为图名，而是其良善之本性。她其实亦和黛玉相同，为世俗之叛逆者，然黛玉用真性情与俗尘抵抗，宝钗却顺势而为，不牵附于爱恨，不累及世情。

多少人，以为薛宝钗争宝二奶奶之位费尽心机，是她的存在，破坏了宝黛美好的姻缘。然而，她对宝玉无儿女私情，素日知宝黛之心，反而多次避嫌，免生枝节。宝钗花容月貌，绝代风华，其

薛宝钗出闺成大礼

品格、性情，皆不逊色于黛玉，于贾府，她亦深得人心。

可宝钗偏生有黄金锁，配宝玉的通灵玉。她之志向，远不是贾府的二少奶奶，她志在进宫，只是不得机遇，被岁月给耽搁。她曾填写咏絮词：“好风凭借力，送我上青云。”以宝钗之气度，未必会喜爱宝玉这样不求上进的王公子弟，更不敢轻易将幸福，托付给这样一位软弱的男子。

她听从了贾府长辈的安排，母兄做主，嫁给了宝玉，做了贾府的二少奶奶。只是，这时的贾府，已然走向衰亡，再不见往昔风采。宝钗怎会不知，她和宝玉的婚姻，注定是一场悲剧。“空对着山中高士晶莹雪，终不忘世外仙株寂寞林”。这样的婚姻，如何有她想要的幸福？

薛宝钗品格端方，安分随时，尽管她遵从了封建礼教，却也没有逃过劫数。林黛玉泪尽而亡，辞别潇湘馆，贾宝玉丢下宝钗，撒手离去，不管不顾。她只能在贾府里耗尽青春，独自寂寞白头。她亦是薄命之人，有着挣脱不去的无奈和悲哀。

道是无情却有情。她服冷香丸，居雪洞一般的屋舍，她极力不让自己落入情海，免去岁月漂洗。却还是遍尝人情冷暖，看尽世间百态。人无贵贱，情亦无深浅，黛玉之孤标傲世，宝钗之顺应自然，亦无分别。她们都只是在如水的时光里，往来游走，死生由命。

她之咏絮词《临江仙》，至今读罢，仍有一种快意，一份旷达。“白玉堂前春解舞，东风卷得均匀。蜂团蝶阵乱纷纷。几曾随逝水，岂必委芳尘。万缕千丝终不改，任他随聚随分。韶华休笑本无根，好风凭借力，送我上青云！”

气质如兰，无瑕美玉陷泥淖

大观园有一处修行之所，名栊翠庵。栊翠庵花木繁盛，清幽绝尘，庵里弥漫着草木之芬芳，以及茶的清香。这幽僻之所，居住着一位气质美如兰，才华馥比仙的女子。

妙玉为金陵十二钗之一，书中对其出身，以及家世来历，皆无详细描述。她是大观园中，具有神秘气质的女子，她深居简出，亦不与人相交，尽管作者对她着墨甚少，可但凡写到妙玉之处，都有一种不凡之仙气。她出言玄远，举止飘逸，有庄子之情怀。

林之孝家的说："外有一个带发修行的，本是苏州人氏，祖上也是读书仕宦之家。因生了这位姑娘自小多病，买了许多替身儿皆不中用，到底这位姑娘亲自入了空门，方才好了，所以带发修行。"

当王夫人说请妙玉来时，林之孝家的回道："请他，他说'侯门公府，必以贵势压人，我再不去的。'"王夫人笑道："他既是官宦小姐，自然骄傲些，就下个帖子请他何妨。”妙玉是何许人物？不过是带发修行的一个小尼姑，缘何王夫人竟然要下帖请她？更况她们从未谋面，亦无任何交集，此间因由，令人百思不得其解。

书中只说她是官宦人家的小姐，可她却如闲云野鹤，不牵附于物，又拘泥于物，超脱于物。栊翠庵品茶，最见妙玉之风骨情态，以及她之扑朔迷离之身世。素日不与人相亲的妙玉，知贾母不喜六安茶，喝老君眉。

她请宝钗和黛玉吃体己茶，所用的杯盏，皆是世间珍稀之物，旷古难寻。当时宝玉说她们两个用的是古玩奇珍，而他就是个俗器时，妙玉道：“这是俗器？不是我说狂话，只怕你家里未必找得出这么一个俗器来呢。”

贾府乃钟鸣鼎食之家，汇聚天下奇珍异宝，却寻不到妙玉所藏之物件。可见妙玉之祖上，定是非王即侯，否则她所藏之珍宝，又来自于何处？书中令写道：“他师父极精演先天神数，于去冬圆寂了。妙玉本欲扶灵回乡的，他师父临寂遗言，说他‘食起居不宜回乡。在此静居，后来自然有你的结果’。所以他竟未回乡。”

妙玉不仅藏有天下奇珍，其小小年岁，对茶道之精深，亦让人费解。她取梅花上的雪，为宝钗和黛玉煮茗，可见她对茶之器皿，茶之水，以及茶之烹煮，皆有研究。

妙玉之前世今生，过去未来，于书中都不曾细说。唯一对妙玉之过去有所知晓的人，是岫烟。那时妙玉在蟠香寺修行，岫烟家原寒素，赁的是她庙里的房子，住了十年，无事到她庙里去做伴，所认的字都是她教的。二人又是贫贱之交，又有半师之分。

岫烟说她因不合时宜，权势不容，才投到这里来的。妙玉自小带发修行，与世无争，长居蟠香寺，对青灯古佛，无须与官府衙门相交，为何会为权势不容？可见妙玉之身世始终是个谜，她绝非单纯的因多病而入空门，她也许是政治斗争之牺牲品，为躲避祸乱而远离世俗，带发修行。

但心性高洁的妙玉，说侯门公府会以贵势压人，缘何来到贾府？难道她家与贾府交情深厚，而贾府念及这份交情，收留了这个为权势不容的孤女。妙玉自幼修行，久居佛门，诵读经文，颇有悟性，又怎会不知，贾府之富贵怎会长盛不衰，有一日山河倾倒，她又该何去何从？

世象迷离，万物存在皆有因果，可真相，往往隐藏于不为人知的深刻角落，难以触及。妙玉之身世，我们亦只是猜测，这样一位飘逸似仙，若闲云野鹤般的女子，来与去，聚和散，生与死，不劳人挂牵。

只道 “过高人愈妒，过洁世同嫌”。妙玉虽佛门清修，逆境生存，落尽繁华，却仍不改其傲骨。她心性高洁，不沾尘泥，那日，刘姥姥随贾母去了栊翠庵，饮过一盏茶。妙玉却命人将那成窑的茶杯别收了，搁在外头去。宝玉便向妙玉讨了去，送给刘姥姥，让她卖了可以度日。妙玉道：“这也罢了。幸而那杯子是我没吃过，若我使过，我就是砸碎了，也不能给他……”

妙玉之洁，遭人妒恨，许多人不喜妙玉对刘姥姥之态度。认为出家人应众生平等，不可有如此分别心。可妙玉的行为，当真就不够悲悯，不够纯良吗？试问，大观园中的众多姑娘，又有谁会稀罕刘姥姥喝过的杯子，有谁对其毫无嫌弃之意。

刘姥姥本性虽朴素淳厚，却也世故庸俗。为愉悦贾母与众人，她极尽巴结，阿谀奉承，甚至不惜自损形象，称自己为“老母牛”等。妙玉洁身自爱，不屈不挠，又怎甘愿落于俗流。她遁入空门，原本就是为了远离纷繁乱世，独善其身。更有人研究过，说那个成窑五彩的小盖盅，日后若流落民间，恐遭祸害。

邢岫烟一介寒门碧玉，与妙玉有过十年之交，故言行举止散发出超然如闲云野鹤般的气质。十年之谊，也只是比一般人稍了解她。她曾这样说妙玉，他这脾气竟不能改，生成这等放诞诡僻了。僧不僧，俗不俗，女不女，男不男。岫烟如此说，亦是对妙玉之性情，捉摸不透。毕竟她们之间的修为与境界，相差太远。

妙玉之洁，是一种孤独遗世的圣洁；妙玉之雅，是一种曲高和寡的至雅。宝玉说：“她为人孤僻，不合时宜，万人不入她的目。她原不在这些人中算，她原是世人意外之人。”万人不入她的目，却有一人，为妙玉所放不下，甚至坐禅时，为其意乱心迷。

这个人，是宝玉。妙玉青春貌美，才高气傲，洁净自敛。她虽古佛青灯，却尘心未尽，白雪中那株傲放的红梅是其写照。她存冰雪之姿，遁入空门，内心有情难诉。惜春曾说："妙玉虽然洁净，毕竟尘缘未断。"

玉本雅致纯净，坚贞永恒之物。大观园里有三块美玉，黛玉、宝玉、妙玉。黛玉之潇湘馆种植翠竹，宝玉怡红院有青松，妙玉的栊翠庵则有红梅。竹松梅为岁寒三友，他们之间有着妙处难言之缘分。黛玉是尘世中的妙玉，妙玉则为出家的黛玉。妙玉对宝玉之情，亦是因了宝玉有一颗不与世同的叛逆之心。

古卷青灯的庵庙生涯，需要有几位人间知己，品茗参禅，打发寂寥的光阴。宝玉是贾府里，唯一一个心灵洁净的男性，他温柔体贴，善解人意，更令其爱慕的是，宝玉可做灵魂上的知己。

宝玉含着通灵顽石下凡历劫，便与寻常之人有所不同。宝玉的现在是妙玉的过去，妙玉的现在是宝玉的将来。妙玉对宝玉之心，洁净坦荡，素日相交，亦不避嫌。刘姥姥喝过的杯盏，她弃之门外，却取自己平日品茗的杯子，给宝玉喝茶。

宝玉访妙玉乞梅，李纨说："可厌妙玉为人，我不理她。"但众人皆知，栊翠庵的红梅，唯宝玉可讨。黛玉亦对妙玉了解，说若跟了人去，妙玉必不给，只有宝玉亲自去才可取到红梅。

她自称"槛外人"下帖遥祝宝玉生辰，宝玉开始不解，后遇岫烟，回帖自称"槛内人"。妙玉和宝玉非同寻常的交往，素日敏感多愁的黛玉，却从未多心。正因了他们有着超然物外的情怀，

坐禅寂走火入邪魔

与冰洁剔透的心性，他们惺惺相惜，带着古典诗意的情结。

妙玉的栊翠庵和黛玉的潇湘馆，皆是大观园最为幽清雅致之所。她们同为官宦小姐，江南名媛，却流离他乡，寄人篱下，孤苦无依。黛玉尚有贾母宠爱，众姐妹相陪，妙玉却孤身一人入了佛门，带发修行，须遵守一切佛门的清规戒律。

大观园中的姐妹，吟诗作画、吃酒行令等所有闺阁游戏，皆与之无缘。她唯一走出栊翠庵，亦只是和惜春下几盘散淡的棋，但以惜春的资质，实难懂得她内心的大寂寞，大荒芜。妙玉和宝玉始终无法相近相亲，他们之间仅隔一道院墙，便如隔了沧海。

常说诗言志，可寄托心声，亦可消遣光阴。大观园内群芳结社作诗，各逞文采风流。她们中，以黛玉、宝钗、湘云才情最高。当她们结海棠社、桃花社，题菊花诗、咏柳絮词时，妙玉却独坐蒲团，翻读古卷，品茗自吟。

妙玉天赋聪慧，资质不凡。她茶艺精湛，对茶之器，茶之水，皆有研究。她棋艺高超，素日出阁，皆是为了和惜春对弈。妙玉亦懂古琴，她听闻黛玉抚琴，知弦中妙意，更知弦外之音。

那日，凹晶馆联诗悲寂寞，湘云和黛玉吟出“寒塘渡鹤影，冷月葬花魂”的佳句。妙玉出来游赏清池皓月时恰巧听到，说好诗，果然是太悲凉了。还说此亦关人之气数而有，所以出来止住。并邀请她们去栊翠庵吃杯茶，续《中秋夜大观园即景联句三十五韵》。

湘云、黛玉称赞：“可见我们天天是舍近求远，现有这样诗人在此，却天天去纸上谈兵。”妙玉怀高才雅量，只是不合时宜。她经历过世事变迁，家族衰败，亦看尽人间离散，大观园的万千风景，于她不过虚设。

妙玉常说文是庄子的好，那是因了庄子之洒脱逍遥，暗合其心境。她最喜欢的诗句是“纵有千年铁门槛，终须一个土馒头。”她知道，再华丽的一生，到最后，也只是被一堆荒草覆盖。她自号“槛外人”，则是超脱名利海，富贵场，以及世间生死，爱恨。

妙玉便是那幽居于栊翠庵的妙龄仙姑，守着无边清寂的岁月，辜负良辰美景，暗度似水流年。“芳情只自遣，雅趣向谁言”。凡尘中人，怎懂她之芳情与和雅趣。她的人生，唯古卷一册，清茶一盏，再无其他。

“相忘以生，无所穷终”。她崇善庄子之心性，达到逍遥游之境界。一生淡泊名利，孤芳自赏，太过洁净，令人生厌。“欲洁何曾洁，云空未必空。可怜金玉质，终陷淖泥中。”这样一个冰清玉洁的女子，却终落泥淖，不得超脱。

妙玉和惜春下棋，宝玉观棋，妙玉心动面红。后同宝玉闻黛玉抚琴，弦断失色，归去后梦魇，请医吃药，静养几日，方见好转。后宝玉失玉，岫烟请妙玉扶乩，有“青埂峰下倚古松”之语。

贾府被抄，贾母病危，妙玉探访。贾母出殡，妙玉出园，与惜春下棋，被入室打劫的贼寇盯上，夜里坐禅，遭劫被掳走。宝玉听闻，成日长吁短叹，悲痛不已。后贾府传闻，妙玉被贼寇杀害，一块无瑕美玉，竟遭此大劫，人生之悲，莫过于此。

倘若她一直居蟠香寺，不入贾府，不落侯门，一心清静修行，又或许不会遭此劫数。她明知侯门公府，会以权贵压人，明知滔滔浊世，无洁净之所，偏生要走这么一回。

她来的时候，除了几册黄卷，几个杯盏，便是那年于寺里精心收集的梅花香雪。青花瓷瓮收着，埋在地下，珍藏多年总舍不得吃。为酬红尘知音，与宝钗、黛玉和宝玉，烹炉煮茶，了悟禅机。这么一个妙人儿，终为世不容，为世所弃。

妙玉之清雅气质，美如兰草，素心春颜，绝世无双。妙玉之才华，可与神仙媲美。妙玉品茶的杯，是旷古难寻之器皿。煮茶的水，是梅花上的香雪。妙玉之身世，始终是不解之谜。妙玉就是这么一位身在佛门，尘缘未尽，有着庄子情怀之奇女子。她之结局，该同她性情这般，万人不入她目，万人亦不知她所踪。

“气质美如兰，才华馥比仙。天生成孤僻人皆罕。你道是啖肉食腥膻，视绮罗俗厌；却不知好高人愈妒，过洁世同嫌。可叹这，青灯古殿人将老，辜负了，红粉朱楼春色阑！到头来，依旧是风尘肮脏违心愿。好一似，无瑕白璧遭泥陷，终究是，王孙公子叹无缘。”

风流灵巧，多情公子空牵念

“霁月难逢，彩云易散。心比天高，身为下贱，风流灵巧招人怨。寿夭多因毁谤生，多情公子空牵念。”说的是晴雯，一个身份卑贱，却风流灵巧，纯净清白的丫鬟。曹雪芹将她列在《金陵十二钗又副册》之首，其画“既非人物，又非山水，不过水墨滃染的满纸乌云浊雾而已。”

贾府的众多丫头中，晴雯最为美艳，亦最为灵巧。她的美，与寻常丫鬟皆不同。书中这样写：“水蛇腰，削肩膀儿”“钗甜鬓松，衫垂带褪，大有春睡捧心之态”。凤姐说：“若论这些丫头，共总起来，都没有晴雯生得好。”

晴雯十岁之时被赖大买去做丫头，后来又像礼物一样被孝敬给了贾母，贾母喜她玲珑，留在身边，后又赐给了宝玉。贾母说，“这些丫头的模样爽利言谈针线多不及她”。她像“一盆才透出嫩箭的兰花”，宝玉用这样抒情的语言，来赞美晴雯不同于流俗的美。

晴雯不仅有清丽灵秀的外表，还有一颗纯洁无瑕的心。她虽为奴，却不甘下贱。王善保家的也说："头一个宝玉屋里的晴雯，那丫头仗着她的模样儿标致些，又长了一张巧嘴，天天打扮的像个西施样子。在人前能说惯道，抓尖要强，一句话不投机，他就立起两只眼睛来骂人，妖妖调调，大不成个体统！"此话虽尖酸，却不可否认，晴雯貌比西施。

晴雯娇俏灵巧，她仗着自己的姿色，难免高傲一些，加之率真之性情，与世抗衡，才落得凄凉之下场。晴雯眉眼儿有点像林黛玉，风流态度，遭人妒忌。她不仅容颜似黛玉，于追求自由上，跟黛玉亦神似。她们太过单纯洁净，不懂处世之道。

晴雯的美，在贾府里成了一种过错，她得宠于宝玉，又让袭人的地位受到威胁。王夫人不喜欢晴雯的美，觉得这等妖精般的人物，在宝玉房里，会蛊惑公子。她不放心晴雯，想方设法把她赶出了大观园，不消几日，便断送了她如花的年华。她像一朵不沾尘俗的白芙蓉花，在大观园里傲然绽放，不落人后，又不与人争。

晴雯性情刚烈，她疾恶如仇、敢爱敢恨、敢笑敢骂，是诸多丫鬟里，最具有青春活力的。她伶牙俐齿，敢于把周围的丑恶，毫不容情地揭露出来。

她病撵坠儿，说穷也要穷得有骨气，她怕坠儿偷镯子之事，被王熙凤知道，生出不必要的麻烦。但这份心却无人知晓，反倒得罪了许多人，怪其尖酸刻薄。

小红的媚上讨好，晴雯耻之。袭人虚伪邀宠，她更是不屑一顾。她正直无邪，就连宝玉和袭人之事，亦敢指责。那日，晴雯空因跌坏了扇骨子和宝玉吵嘴，袭人说了一句“原是我们的不是”。

晴雯听她说“我们”两字；就冷笑几声道：“我倒不知道‘你们’是谁，别教我替‘你们’害臊了！不是我说，正经明公正道的，连个姑娘还没挣上去呢，也不过和我似的，哪里就称起‘我们’来了？”晴雯绝非妒忌袭人，她只是不屑于以此等方式攀高，她和宝玉之间，始终清白，她为的是自己冰洁的心。

玉熙凤带领王善保家的一群人抄检大观园，至怡红院时，袭人麝月等人，无不战战兢兢，俯首贴耳。晴雯却反抗，勇敢挺身。“只见晴雯挽着头发，闯进来，豁琅一声，将箱子掀开，两手提着底子，往地下一倒，将所有之物尽倒出来。”之后，又当众指着王善保家的痛骂一顿，真是大快人心。

抄检大观园，除了探春给了王善保家的一个响亮的耳光外，其余之人皆敢怒不敢言。晴雯那犀利无比的讽刺，让看客淋漓畅快。同时亦招惹了一群人，令那些人在王夫人面前中伤诽谤。得罪了王夫人，卑贱的晴雯如何还能在这人事复杂的贾府立身？

率性纯真的她，又如何能反抗强大的权势？又或者说，谁来为她闯下的祸承担后果？这个骄傲洁净的女子，最终走到孤立无援之境。怡红院那株死了多日的海棠又复活了，一切都是不祥之预兆，晴雯来不及等候别人宰割，她亲手断送了自己。

曹雪芹在描写晴雯时，留下了两段永恒的佳话。亦是因了晴雯叛逆高傲之性，得到宝玉心灵上的认同。她的所作所为，在大观园里是光明的，她与宝玉情投意合，却无肌肤之亲，她虽是低贱的丫鬟，却自爱自重。

宝玉对晴雯的喜爱，与其他丫鬟亦有分别。晴雯撕扇之憨态，带病补裘之情深，令宝玉深为欣赏和感动。而书中这两段描写，可与黛玉焚稿、葬花相媲美。

第三十一回，有晴雯撕扇这么一段。宝玉说："这些东西，原不过是借人所用，你爱这样，我爱那样，各有性情；比如那扇子，原是扇的，你要撕着玩，也可以使得……"晴雯笑道："既这么说，你就拿扇子来我撕，我最爱听撕的声儿。"

宝玉听了，便笑着递给她。晴雯果然接过来，嗤的一声，撕了两半；接着又听嗤，嗤，几声。宝玉在旁笑着说："撕的好，再撕响些。"之后，晴雯接连撕了好几把扇子。宝玉笑道："古人云：'千金难买一笑'，几把扇子，能值几何！"是啊，几把扇子，能值几何？可是也只有晴雯，才有这样的性情，有如此任性之娇态。

那是一幅生动的图画，晴雯撕扇时娇憨的女儿态，多情公子贾宝玉，带着年少的叛逆，怎能不欣赏？不骄纵？晴雯真性情的流露，在众丫鬟中，皆不可寻见。袭人、麝月、碧痕、秋纹，她们都懂得如何殷勤地侍奉宝玉，对其忠心，却忽略了宝玉那颗不染俗尘的心。

这一切晴雯皆不放在眼里，她性洁清白，她要与宝玉灵魂相惜。宝玉也视晴雯为知己，在他挨打后，心中记挂黛玉，唯一能替他传递心曲的唯有晴雯。她让晴雯拿旧帕交给黛玉，而支开袭人去宝钗那借书，此处可见宝玉对晴雯的信任。

后来晴雯死了，宝玉悲痛地对黛玉说：“素日你又待她最厚”。一句话，可见黛玉和晴雯之深厚情意。她们对宝玉之情，皆是为了自己的心。晴雯死了，贾府里，最伤心的当属宝玉。而黛玉的心中，亦有淡淡的失落和哀伤。

晴雯爱宝玉，她爱得洁净，爱得清白，也爱得真挚，爱得深沉。宝玉命晴雯打水一同洗澡，她不依，至死，她始终守着清白。

晴雯病中补孔雀裘，当是书中的精彩片章，令人感动至深。贾母

勇晴雯病补雀金裘

给了宝玉一件俄罗斯的孔雀毛做的氅衣，宝玉不小心烧了个洞，麝月悄悄命人拿出去织补，却因东西名贵，无人敢揽活。

晴雯被风寒所欺，病卧在床，为怕宝玉受责罚，她仍旧带病补裘。晴雯道："说不的我挣命罢了！"宝玉忙道："这如何使得？才好了些，如何做得活？"晴雯道："不用你蝎蝎螫螫的，我自知道。"一面说，一面坐起来，挽了一挽头发，披了衣裳，只觉得头重身轻，满眼金星乱迸，实实掌不住，待不做，又怕宝玉着急，少不得狠命咬牙挨着，便命麝月帮着拈线。

一时，只听自鸣钟已敲了四下，刚刚补完，又用小牙刷慢慢地剔出细毛来。麝月道："这就很好，要不留心，再看不出的。"宝玉忙要了瞧瞧，笑说："真真一样了！"晴雯已嗽了几声，好容易补完了，说了一声："补虽补了，到底不象，我也不能了！"嗳呀了一声，就身不由主，睡下了。"整个晚上，宝玉一直陪在身边，为其递水端茶。晴雯带病，一针一线为他缝补孔雀裘，令他深深感动。

众多丫鬟中，晴雯不仅聪明灵巧，她的针线活，巧夺天工，无人可及。整个贾府，追名逐利者不胜枚举，而有真才实学者，却寥寥无几。遇到补雀裘之事，便束手无策。晴雯病重，却仍舍命护主，她之忘我精神，如何不令宝玉感动？亦因此换来宝玉特殊宠爱。她之灵性，气度，相比而下，袭人、麝月等人就显得平庸了些。

鸳鸯殉主以报贾母，紫鹃为尼以酬黛玉，袭人对宝玉忠心，却在宝玉出家后，嫁给了蒋玉菡，过上安稳日子。她对宝玉的爱，与晴雯对宝玉的爱，似乎太过渺小。只是人各有志，每个人对待爱的方式不同。你可以为之粉身碎骨，亦可守着回忆，缓缓度日。

自古红颜薄命，美丽多情的晴雯，又怎能逃过这番劫数。王夫人不喜欢晴雯，唯一的理由，是因为她生得太美了。只是美，有错吗？宝玉说："我究竟不知晴雯犯了什么弥天大罪？"

是啊，晴雯到底犯了什么弥天大罪，会被撵走？她的容貌与性情，让她付出了悲惨的代价。在贾府，晴雯的美，就是一种错。一如林黛玉，她的清雅出尘，举世无双，亦是错。王夫人需要一个像宝钗这样深明大义，贤良淑德的儿媳妇，需要像袭人这般朴素老实的丫鬟，照料宝玉。

晴雯负辱而死，在她临死前宝玉去看她时，她还说了这样一句话："只是一件，我死也不甘心。我虽生得比别人好些，并没有私情勾引你，怎么一口死咬定了我是个狐狸精！我今儿既担了虚名，况且没了远限，不是我说一句后悔的话；早知如此，我当日……"

晴雯自珍自爱，此时亦生出悲愤之感叹。她心有不甘，早知落得如此下场，当初亦不必守着洁净，无端承担了虚名。她本是一朵洁白的芙蓉，为世俗所摧。她之不幸，亦是黛玉之不幸，是贾府里，那些有着冰洁心性的人之不幸。

晴雯的死，令宝玉悲伤哀痛，他为其写下一篇《芙蓉女儿诔》的祭文。用优美的文笔讨伐封建势力，缅怀他的知心挚友。他读祭文时，恰好被黛玉听到，亦为之哀婉叹息。“茜纱窗下，我本无缘，黄土垄中，卿何薄命。”

含恨而逝的晴雯，得知多情公子将她牵念，又是否可以平复一些遗憾？“霁月难逢，彩云易散”，这朵冰清玉洁的芙蓉花，随霁月西沉，伴彩云纷散，带着幽怨，带着不舍离开人世。

晴雯死后，曹雪芹给她妥善地安排了一个美丽的去处。“你们还不知道，我不是死，如今天上少了一位花神，玉皇敕命我去司主，我如今在未正二刻到任司花。”她做了芙蓉花的花神，从此无来无往，无悲无喜，无爱无恨。

三春勘破，独卧青灯古佛旁

“堪破三春景不长，缁衣顿改昔年妆。可怜绣户侯门女，独卧青灯古佛旁。”是薄命司里写惜春的判词，画的是所古庙，里面有一美人，在内看经独坐。惜春为金陵十二钗之一，是贾家四姐妹中最小的一位。

惜春是大观园中最为寂寞的女子，她居蓼风轩，素日相交之人甚少。惜春自小厌恶世俗，幼时爱和馒头庵的小尼姑智能儿玩，后来又和栊翠庵的妙玉成了朋友。她寡言少语，园中聚会，吟诗行令，她都不是主角。

惜春给人最深的印象，则是贾母命其画一整幅大观园图。亭台水榭，轩落庭阁，以及那些凡会作诗的都画在上头。她常与妙玉下棋，妙玉乃修行之人，性情孤僻，万人不入其目，却独独和惜春有所交往，可见惜春有深刻佛缘，亦有慧根。

黛玉初进贾府，对惜春容貌有过描写，仅是一笔带过。身量未足，形容尚小。惜春姿容才情皆不出众，除了绘画，修禅，似乎再无其他喜好。惜春是宁国府贾敬老爷的千金，贾珍大爷的亲妹妹，也是贾府的四小姐。贾母怜惜她年幼，接过去照应。只是，贾府里又有几人真正对她嘘寒问暖，真正疼惜她，将她放在心上？

惜春之父贾敬，一味好道炼丹，想着长生不老。他一生享受了太多的荣华富贵，年老时却无福消受，害怕生死轮回。故将所有精力与金钱，投入炼丹中。他愿练就仙丹，祈求长生，儿子的纵欲，女儿之孤弱，整个家族的兴盛衰亡，皆搁置一边，不管不顾。

惜春的兄长贾珍，对这个柔弱的妹妹，毫无关心呵护。他沉迷于女色，结交酒肉朋友，奢侈无度，放纵欲望。他的酒宴应接不暇，怎有心思挂念这个亲妹妹？贾母将惜春接去了荣国府，正合他意，省略了责任和负担。只是贾母对惜春，又有多少关爱？

贾母最疼的是两个宝贝玉儿，宝玉是嫡亲孙子，而黛玉是她亲外孙女，成日里，为他们操碎了心。况平日贾母喜热闹场面，喜伶俐聪慧，乖巧灵气的女孩儿。湘云之洒脱，宝钗之稳重，宝琴之活泼，皆让她喜爱。书中许多细节，可见贾母对她们的呵护与宠爱。

惜春一直最小，于姐妹们，任何时候都显得那么不够出众，不够美丽与灵巧。她亦习惯了被人忽视，虽居大观园的轩落，却像一株柔弱无主的小草，在被人遗忘的角落里，默默生长，荣枯随缘，悲喜无尤。

唯一去蓼风轩做客，偶尔与之相伴的人是妙玉。妙玉闲时爱与惜春下棋，座谈。但妙玉为人高洁，孤僻清冷，加之惜春资质有限，论诗参禅，难以达到妙玉之境界。妙玉心中，赏慕的是宝钗和黛玉，这般出众超群之人物，就连栊翠庵品茶，妙玉亦只唤钗黛二人。妙玉之所以爱与惜春往来，许是因为她孤僻，冷漠之心性。

贾家嫡亲的孙女惜春，不如外姓的林黛玉。黛玉之母贾敏，是贾母最疼爱的女儿。母亲去世后，便被外祖母接到贾府，吃住同宝玉，外祖母视她为心肝宝贝。其潇湘馆为大观园最清幽雅致之

占旺相四美钓游鱼

所，藏书数卷，笔墨纸砚一应俱全。素日里，各种珍玩，名贵药材供应不尽。

虽说黛玉寄人篱下，却有宝玉对其柔情万种，有紫娟知心贴心照料，有宝钗、湘云、探春等几位姐妹真诚陪伴。可惜春长久以来，只是孤独地存在，被人忽视，于阴凉角落寂寞生长。以至于落得心性冷淡，对一切人事皆无热情。尘世没有给她温暖，亦无有什么值得她眷恋，她宁愿独自修行，亦不要与这虚伪冷酷的世俗相亲。

书中只道她年幼，可年幼不是该宠之爱之么？在宝哥哥、园内众姐妹眼中，她一直长不大。她甚至不曾真正绽放，便随着园内花木，一起凋零。大观园里，所有甜蜜温馨的时光，诗意和快乐，她似乎皆沾染不到。

黛玉葬花、宝钗扑蝶、湘云眠芍、探春结社，多少快意风流，独她静坐青灯，古卷相伴。她甚至不及晴雯撕扇，香菱学诗之风采，她只是大观园里，一个可有可无的角色。那么多美好的过程，惜春被忽略太久，没有感受到姐妹们的知心。

春风过处，乱红飞舞，宝哥哥和林姐姐共读《西厢》，她尚不知人间还有这样的情感。又或许她也懂，只是大观园，除了风月无边的景致，除了漫天席地的盛宴，始终缺少一位像宝哥哥这样温柔的男子，陪她花前月下，相守情深。

她在慢慢长大，出落得风姿绰约，与蓼风轩的花草争妍。但这个家族，却渐渐失去往日的光华，秋风秋雨来袭，惜春邂逅了园内萧瑟的光景。她听到了有关宁国府的流言蜚语，知道了她嫡亲哥哥许多肮脏不齿的行为。以往的她，天真烂漫，以为自己生活在烈火烹油，鲜花锦簇的鼎盛之家。竟不知，一切繁华的背后，隐藏了许多无法想象的丑陋和不堪。她曾经看到的美丽，看到的盛宴，被岁月无情地宰割。她本没有惊艳的容貌，更无惊世之才，从未有人为其设身处地想过。一颗梨花似雪之心，如今只好深藏，将世事人情，关于门外。

面对他们的不堪，惜春是那么无力，她无力改变什么，更不想去维护，或是辩驳，亦无意批判。她所能做的，则是尽力去避免，去逃离。为求干净，她坚守自己的清白，去寻找一份安宁。不愿意与一切名誉相关之事，一切流言沾上干系，只是敏感地守在自己的小小天地，不与人往来。

她变得无情而冷漠，恨不能与贾府一切相关的物事断绝联系，毫无瓜葛。她无情地离弃入画，全然不顾多年的主仆情分。她说："古人说得好，'善恶生死，父子不能有所勖助'，何况你我二人之间。"她虽阅历涉世不深，却以其冰洁孤冷之性，伤害别人，解脱自我。

惜春与兄嫂决裂，对其说出一番决绝之话。"我只知道保得住我就够了，不管你们去。从此以后，你们有事别累我。"她是迫不及待地与之划清界限，如此冷漠，令人心惊。惜春之无情，是对外界的恐惧，是绝望的抗争。

她自知无处可去，唯愿孤守在她的蓼风轩，尘封于这个狭小的角落，默默无闻地生长，避免更大的风雨来袭。她错了，她不知，当整个大观园都倒塌荒废时，当所有人都遭遇不测时，哪怕她躲于园内安静一隅，亦是在劫难逃。

贾府衰败了，盛极而衰，物极必反。她的父亲贾敬并没有得到长生，因误食丹药而死。她的兄长也不能继续放纵下去，被革去世职，派往海疆效力赎罪。整座贾府透着悲凉落魄之意，再守不到云开月明。而花柳繁华的大观园，亦是秋风秋雨助凄凉，春梦了无痕迹。

迎春姐姐死了，她是大观园里，一位老实憨厚，懦弱胆小，逆来顺受的女子。她本与世无争，却被亲生父亲卖给粗暴无礼的中山狼，饱受凌辱与虐待。花一样的年华，被残忍摧残，后孤独无助地死去。两个最重要的男人，葬送了她一生的幸福，夺了她的性命，试问人间，还有什么情义值得她依托？

探春姐姐远走他乡，这样一位有远见有抱负，敢作敢为，办事练达的女子，也躲不过宿命的安排。“自古穷通皆有定，离合岂无缘？从今分两地，各自保平安。奴去也，莫牵连。”也许她今生再回不了故园，见不到父母亲人。过往的一切，只是回忆，大观园里的故人，只能在梦中相逢。她的才情、她的志气，以及一番作为，亦付诸东流。

林姐姐死了，她有着绝代姿容，才华惊世，是大观园里，最有诗情之女子。她得贾母宠爱，受宝玉情深，然一段情缘，终被耽

悲远嫁宝玉感离情

误。她一生落泪，一生痴迷，熬到油尽灯灭，含恨离世。她认真地活过，为情而活，也为情而死。

湘云姐姐成了寡妇，她开朗豪气，才情超逸，富有浪漫色彩，令人欣赏喜爱。她虽生于王侯之家，却自幼父母双亡，未曾过上贵族小姐的尊雅生活。好容易嫁个才貌仙郎，却暴病而亡，湘云立誓守寡。孤身一人，万般凄凉，还能寻到曾经美丽的笑颜，与飞扬的诗情么？

妙玉是惜春在这尘世中唯一的棋友，唯一的知音。她有庄子情怀，似闲云野鹤般超脱，一生洁身自好，孤高清冷。于栊翠庵坐禅修行，却落得被贼寇盗掳去，下落不明的结局。一瓮梅花瓣上的残雪，养育出如此钟灵毓秀的女儿。她的一生，这么匆匆凉凉，又为哪般？

多少凋零之命运，让惜春失去了对生活的热情，失去了生存的意义。这红尘乱世，已经没有丝毫令她牵挂的人和事。伫立在荒凉的大观园，萧瑟的秋风拂过满地落叶，曾经莺啼燕舞、花红柳绿的园林早已消逝，不见踪影。

“陋室空堂，当年笏满床，衰草枯杨，曾为歌舞场。蛛丝儿结满雕梁，绿纱今又糊在篷窗上。说什么脂正浓，粉正香，如何两鬓又成霜？”贾府败落，撒手尘寰的，不仅是宝玉，还有这个心冷如寂的少女。她此一生，真的干净，没有爱情，没有亲情，没有幸福，亦无有悲凉与恐惧。

惜春选择解脱，削发为尼，常伴青灯古佛。富贵名利若梦幻泡影，如露亦如电。她要的不是往生极乐，不是修仙成佛，而是期盼有一处安宁洁净的角落，可以搁放疲惫的身心。大观园的图景，她没有画完，那些美好，悲伤的过往，皆已忘记。连同残缺不全的青春，皆葬于世海荒径，古刹山林。

钟灵毓秀，自古红颜多薄命

这个女子，于漫长的红楼古卷里，不过是刹那惊鸿。她未曾与世人谋面，便仙逝扬州，萎落成尘。若非没有绝代姿容，兰心蕙质，又如何会有那么一位才情惊世，出尘高洁的女儿。

黛玉之母贾敏，带着迷幻色彩，远嫁扬州。她究竟是怎样一位女子，是何等的尊贵优雅。最初在贾雨村那儿得知，“怪道我这女学生言语举止另是一样，不与近日女子相同。度其母必不凡，方得其女。”

贾敏是贾府最尊贵的女儿，自幼得父兄疼爱，贾母对其更是千恩万宠。初见黛玉时曾说：“我这些儿女中，所疼者独有你母亲。”那时贾赦、贾政早已娶妻，而刑、王两位夫人毕竟是儿媳妇，儿媳妇如何亲得过自己的女儿。

贾敏是贾母的掌上明珠，聪慧过人，才貌惊艳。在抄捡大观园之前，王夫人曾对王熙凤说：“不用远比，只说当年你林妹妹的母亲，那是何等的娇生惯养何等的金尊玉贵，那才像个千金小姐的体统！”贾母对黛玉之宠爱，便知她有多疼惜那个小小女儿。

金陵四大家族是通婚的，只是不知贾母，缘何要将自己最珍爱的宝贝女儿远嫁他乡，而不落于京城名门贵族。一旦辞别，山迢水远，日后为之牵肠挂肚，如何得见？

林家真的仅仅是寻常的书香门第吗？书中曾说，林如海之祖曾袭列侯五世，而他自己却是从科举出身。或许是当年的国公爷和林如海之父有交情，才会订下这门亲事。又或许，贾林两家，有过深刻的渊源，但贾敏和林如海究竟有过怎样的缘分，一切已随烟尘，消散无踪。

林如海乃一介书生，定是个风度翩翩，俊朗儒雅的君子。当日贾家尊贵的千金出阁，含泪挥别母兄，其伤悲虽不及探春远嫁，终究是长离故土，相见之期少矣。而她所带的嫁妆，定是丰厚无比，几船的珠宝玉器，绫罗绸缎。贾母忧心于她，该是从贾府带去好些丫鬟婆子和小厮。

贾敏此次远嫁，虽有丫鬟陪同，仍是孤身一人，日后若有苦楚，若有委屈，该与谁人诉说？念及此，贾母又怎能不愁眉不展，涕泪涟涟？黛玉坐船来金陵，而当年其母贾敏，却是辞亲远嫁，相同的路程，心境却各异。

江南两岸风光无尽，添了诗情，亦添了雅趣。烟花细柳的三月，或是荷叶田田的夏日，又或是红叶落满山林的深秋，抑或是飞雪漫舞的寒冬。此番远离故土，辞别亲人，去往一个未知之地，见一个陌生男子，其心惆怅恐慌，亦带着淡淡的期待。

所幸，林如海眉目俊朗，儒雅温和，令其迷乱之心，渐趋平静。繁华的京都，被婉约风流的江南取代，过往极尽奢华尊贵的生活，亦一去不复返。书香门第与侯门公府，到底是有所差别。宠爱她的母亲不在身边，从此陪她晨昏，与之相伴的是身边谦和的男子。

林如海是位秉性恬淡的谦谦君子，不热衷于功名利禄，更不执迷于声色。贾母这位清雅脱俗的绝世佳人，亦算是寻得此生的幸福。她安然放下尊贵之身份，为其红袖添香，享受新婚的甜蜜与幸福。

奈何林家几世袭爵，到了林如海这一世算是五世，他必须要通过科举才能保得官位。而书中曾有写道："只可惜这林家支庶不盛，子孙有限虽有几门，却与如海俱是堂族而已，没甚亲支嫡派的"。贾敏嫁过来，便要身负育子之重任，而林如海亦得求取功名。

他们的生活，不只是江南的风花雪月，还要承担现世许多压力。书中可知，贾敏生黛玉已有三十好几，古时女子出嫁不过十七八岁，近十余年间，贾敏就未曾生育？或是曾生有子女却夭折？

但无论何种缘故，皆给她柔弱骄傲的灵魂，带来伤害。纵是林如海对她温柔爱护，为她描眉点黛，公婆亦会对她嘲讽指责。她虽有尊贵的身份，奈何母兄远在金陵，纵有苦楚委屈，亦无可倾诉。

林家虽是钟鼎之家，却又怎么比得过贾家的富贵奢华。书中黛玉想起“常听得母亲说过，他外祖母家与别家不同，他近日所见的这几个三等仆妇已是不凡了”。贾敏在未出阁时，是何等尊贵气派，如今居林家，又怎能不生落寞之心。

多年无子嗣，林如海之父母，也定要给他纳妾。虽说这是情理之中，但谁又知道林如海所纳的妾，是否会是如赵姨娘、秋桐一般无德的女子？柔弱娇贵的贾敏又如何能斗得过？尽管娘家权贵逼人，奈何远在他乡，也只能委曲求全了。

幸得上天眷顾，在贾敏有生之年，赐给了她一个如仙子般的林黛玉。贾敏抱着娇小可人的女儿，喜悦之情，难以言说。林如海老来得女，更是喜极而泣了。书中曾有说：“曾有三岁之子，偏去岁死了”。幼子夭折，又给贾敏带来沉重的打击。

埋香冢黛玉泣残红　花园中暇游观鹤舞

“夫妻无子，故爱若珍宝，且又见他聪明清秀，便也欲使他读书识得几个字，不过假充养子之意，聊解膝下荒凉之叹”。只是，黛玉偏又天生体弱，书中曾有一段很详细的描写：“从会吃饮食时便吃药，到今日未断，请了多少名医修方配药，皆不见效。那一年我三岁时，听得说来了一个癞头和尚，说要化我去出家，我父母固是不从。他又说：既舍不得他，只怕他的病一生也不能好的了。若要好时，除非从此以后总不许见哭声，除父母之外，凡有外姓亲友之人，一概不见，方可平安了此一世”。

癞头和尚的此番话语，令贾敏再添惆怅忧心。之后其病逝，林如海之病，想必皆由此而起。他们怎会知道，这位小小女儿，本是一株生长在灵河岸上三生石畔的绛珠仙草。吸取了天地日月精华，脱去了草木的形质，化作一个女子，投身于林府，为报前世神瑛侍者的灌溉之恩，下凡历劫还泪。

命运一波三折，让本就冰骨弱质的贾敏，一病不起。卧于病榻之上，唯一放心不下的，则是小女黛玉。林如海虽对黛玉疼爱万分，但毕竟是个男子，且是个懦弱书生，又年近半百，加之林家日见衰败。贾敏想到了自己的母亲，想到金陵的贾府，她临死之前，写了家书将女儿托付于生母。

黛玉走时，林如海曾对她说：“汝父年将半百，再无续室之意，且汝多病，年又极小，上无亲母教养，下无姊妹兄弟扶持，今依傍外祖母及舅氏姊妹去，正好减我顾盼之忧，何反云不往？”

贾敏是林如海此生唯一真爱的红颜，人世再无知音可续。这个痴情的男人，在黛玉进贾府几年后便病故，追随贾敏而去。留下黛玉寄居贾府，孤苦无依，一草一木皆是贾家赐予。当初癞头和尚一语成谶，若想一生平安，不可见外姓亲友之人。林黛玉乘舟去往金陵，注定她从此远离平静，在虚妄的繁华中，草草了断青青韶华。

黛玉来到金陵，入住贾府，贾母不负女儿所托，将往日对其之心，转向黛玉。黛玉吃住都同宝玉，名贵丸药从不间断，每月还私下给她银钱备用。后来黛玉随众姐妹住进了大观园，幽居潇湘馆，贾母对黛玉之心，远胜过对贾府几位小姐。

黛玉天性敏感多愁，锦衣玉食的生活，温情暖意之宠爱，仍吟出“一年三百六十日，风刀霜剑严相逼”凄凉之句。她之伤感，并非只是寄人篱下，而是缘起于她对宝玉的那段情。黛玉若是寻常的病，贾母不惜万贯家财，都肯为其医治。可那样的人家，那样的小姐，断不可存如此心思。

贾敏若在，黛玉此生怕是不会离开江南，亦无缘得见宝玉。那么便应了癞头和尚之话，不见外姓亲友，亦一生不闻哭声。只是，纵落江南风流之地，亦未必得遇风流俊雅，温和如玉的男子，护她一世周全。

贾敏和林黛玉，都是世间出尘绝代之女子，仙姿绰约，又岂为凡尘所容。林黛玉生不同人，死不同鬼，她是天界仙草，归往离恨天。而其母贾敏，亦该是某位花神，与她一同，去往警幻仙子处，寻个雅致的归宿，再不必世海飘零。

卷四 似水流年

是几时，孟光接了梁鸿案

世间最美的爱情，不必虚盟空誓，死生相随，只需守着简静的日子，彼此相敬如宾，举案齐眉。每桩情缘，在三生世上，都有一段旧约。凡尘中所有的相遇与重逢，都有前因，谁是那个与你擦过肩，转瞬即忘的人，谁又是那个和你携手相伴，此生白首的人？

是几时，孟光接了梁鸿案，这句话是宝玉跟黛玉说的。黛玉告知宝玉：“谁知他竟真是个好人，我素日只当他藏奸。”黛玉说的是宝钗，大观园里，众芳摇曳，唯薛宝钗，是她心中解不开的结。只因她有一块黄金锁，可以配贾宝玉的通灵美玉，这段世人眼中的金玉良缘，令黛玉忧惧难安，惆怅不言。

那日，黛玉在行酒令时无意读出《西厢记》《牡丹亭》里的诗句。“良辰美景奈何天”“纱窗也没有红娘报”。她无心之言，被宝钗悄然记下。但宝钗没有当时拆穿于她，却在私下教导了其一番，黛玉深为感动。这位居住在蘅芜苑的女子，有着兰草的修为与气度，她悲喜不形于色，冷眼淡看人间。

后来，宝钗来潇湘馆探看黛玉，二人又叙说一番肺腑之言。当晚宝钗遣人送燕窝和一包洁粉梅片雪花洋糖，让那个清凉的风雨秋夜，多了几许温情暖意。自此，黛玉与宝钗的感情便非比寻常，两个素日并不十分亲密，甚至有猜嫌的女子，成了知交。这个场景，给我留下了一段柔软的记忆，并且深深为之感动。

薛宝钗是个清冷的女子，居雪洞一般的卧室，不喜浓妆艳抹，不戴繁累的饰品。这个女子，“罕言寡语，人谓藏愚，安分随时，自云守拙”。她服冷香丸，言辞举止多是自我约束，透出一种冷韵。她艳冠群芳，也寂寞寡淡，钦慕她，敬畏她的人许多，真正与之相亲的人却很少。

书中所见，薛宝钗似乎深得人心，都言她端正清好。丫鬟道她行为豁达，大气娴雅，而黛玉却是目无下尘，孤高自许。贾母也夸她端庄得体，黛玉和她几个孙女都不能与之相比。

史湘云更是与其亲近，对她百般崇拜，曾说过倘若有这么个姐姐，哪怕是没父母也无碍。宝玉身边的袭人，亦盼着宝钗能做二少奶奶，其间的缘由，是觉得她比黛玉更宽容大度。如此，宝钗在大观园里，似乎比黛玉更深得人心。

然事实又并非这样。贾母素日多夸赞宝钗，但她真心疼爱的，始终是那两个玉儿，有好吃的菜肴，皆想到宝玉和黛玉。元宵夜宴，放烟花时亦是将黛玉搂在怀中，无比溺爱。平日里为黛玉配上等丸药，私下给潇湘馆发放银钱。

人亡物在公子填词

园子里，又有几人真正亲近宝钗？丫鬟对其敬畏，不敢与之玩笑嬉戏，香菱学诗，亦不敢惊扰于她，而是多番向黛玉讨教。那些觉得宝钗随和之人，时间久了，便知晓她的香冷，渐渐疏离于她。就连城府之深的王熙凤，心里对这位冷美人亦忌惮几分。

真正愿意亲近宝钗的，还是那位天真豪气、璞玉浑成的史湘云。她打心底的喜爱她，敬佩她，方能道出那些肺腑感人之语。当真疼惜宝钗的，亦只有她那位见事不明的寡母，薛姨妈。认肯她的，则是其面善心冷的姨妈王夫人。在皇宫里的贵妃姐姐，曾赠予了她和宝玉相同的礼物，谁又知道那是真正的欣赏？抑或背后有别的缘由？

林黛玉多愁善感，深觉自己无所依靠，寄人篱下，方吟出“一年三百六十日，风刀霜剑严相逼”这般断肠之音。她的确孤苦，无父母兄弟，只得远离故里，投靠自小素未谋面的外祖母。但是在贾府，却从无任何人敢怠慢她，欺负她。黛玉之母贾敏是贾母最为疼爱的女儿，她视黛玉为珍宝，爱惜不尽。整座贾府，贾母除了宝玉，最疼爱的就是黛玉和王熙凤了。

试问，这样一位在贾母面前得意之人，大家逢迎都来不及，又怎会冷落于她？晴雯曾将她拒之门外，本是误会一场，况丫鬟里，独晴雯与她有几分渊源。周瑞家送宫花那一事，亦是她顺路捎之，并非有意之举。众人看她跟戏子长得有些相像，不去明说，皆出于善意。而史湘云道出来，不过是因为她直爽的个性，过后两人又好在一起，同床嬉笑。

更多时候，大家都对其赞赏，李纨亦说她是大观园里冰雪聪明，举世无双的女孩。黛玉有一张灵巧的嘴，聪慧过人，美貌非凡，又有谁，不为其所动。王熙凤知贾母疼爱黛玉，对其关照万分，不敢怠慢。

贾琏对黛玉都另眼相待，林如海亡故，贾琏护送黛玉返乡，为其料理一切，费了几月光阴。宝钗过生日，王熙凤问贾琏如何置办。他说，往年如何给林妹妹过生日，也就如何给宝钗。林妹妹在他心里，终究比宝钗要亲些，毕竟是其姑母的女儿，说不定当年黛玉之母贾敏，对其亦疼爱有加。

贾宝玉心底的林黛玉，是那远别重逢的知己，是三生石上许下的旧盟，是今世为其情之所钟之人。为了黛玉，他宁信木石情缘，不信金玉良缘。他亲黛玉，远宝钗，皆为了内心深处割舍不下的绵绵情意。黛玉的自怜自伤，缘于她敏感多愁的性格，她忧伤的诗人气质，以及那份柔弱的女儿情怀。又或许，这么多温暖和爱，都不是黛玉心中所要的。

真正令其郁郁寡欢，仓皇悲切的，是那纠缠不休，驱散不去的宿命。她此生来到人间，不过是为了还报神瑛侍者的灌溉之恩，用其一生眼泪还之。而宝玉是一切缘起，却偏偏她孤伶无依，无父母做主。多少个风雨不眠之夜，唯潇湘馆的几竿翠竹相伴，以及身边对其忠心相待的紫鹃。

然而，纵是诗书作陪，琴韵绵长，亦难消缠绕于心的情思。黛玉的悲凉，宝钗亦有，所不同的，宝钗有寡母兄长，有殷实的家底，大观园里若有丝毫的风吹草动，她可从容走之。真正的缘由，是黛玉对宝玉情根深种，而宝钗，对情爱淡然超脱，不落凡俗。

薛宝钗做到了真正的冷漠吗？如若可以，她亦不必去服食冷香丸，亦不必居雪洞的屋舍，寒气袭人，更不必对金玉良缘之说，觉得好没意思。她与整座贾府的人事皆保持距离，内心平和坦然，内敛自持。她深知盛极必衰，繁华过后便是轻薄。任何时候，她都为自己留下退路，她并非无情，而是掩藏了情愫，洒然自居。

于是便有了那样一个令人难忘的秋夜，两位高傲又寂寞的女子成了尘世知音。无论平日里有多少间隙，这一夜温柔的对话，让她们成了心意相通的好姐妹。相信，许多人都被这个夜晚打动过，她们的话语，像夜空里皎洁的月光，温暖了你我，柔弱的心灵。

“你素日待人，固然是极好的，然我最是个多心的人，只当你心里藏奸。从前日你说看杂书不好，又劝我那些好话，竟大感激你。往日竟是我错了，实在误到如今。细细算来，我母亲去世的早，又无姊妹兄弟，我长了今年十五岁，竟没一个人像你前日的话教导我……”林黛玉一番肺腑之言，情真意切，令人感动。

颦儿是怎样一个聪慧的女子，她眼中的宝钗，当是如此宽容悲悯。她对宝钗诉说烦恼，流露真情。宝钗让黛玉服用燕窝，黛玉道：“东西事小，难得你多情如此”。宝钗临走时，黛玉还恋恋地说了句：“晚上再来和我说句话儿。”如此漫不经心的一句话，可见黛玉素日于潇湘馆，是何等悲凉寂寥。

“你放心，我在这里一日，我就与你消遣一日。”宝钗是这样回黛玉的，这句话看似平淡，却能温暖黛玉孤寂的心怀。只是，光阴如水，大观园于她们不过是寄居之所，又有多少年华让她们消磨。不久的一日，她们都要走出这大观园，离散之时，亦是诸芳散尽。转身之后，各自天涯，谁还记得当年携手采花的烂漫，记得行令作诗的潇洒，谁又会是谁的牵挂。

也许许多人会说，黛玉到底过于痴傻，宝钗是何等玲珑之人，又怎会与她推心置腹。但黛玉之灵，谁人可及，但凡别人一个眼神，简单的举止，便知真意。她虽无心机，但心明如镜，洞悉世间一切人情冷暖。她对宝钗诉衷肠，是因了人生寂寞，宝玉虽是知音，但许多女儿家的话，唯宝钗可解。

本是一个充满柔情的秋夜，奈何一场秋雨来袭，凉却了黛玉温热的心。“不想日未落时天就变了，淅淅沥沥下起雨来。秋霖脉脉，阴晴不定，那天渐渐的黄昏，且阴的沉黑，兼着那雨滴竹梢，更觉凄凉。”

如此凄凉之景，黛玉填了一首《秋窗风雨夕》，其词调亦是悲凉萧索。而我竟盼着今晚宝钗能去潇湘馆，如此便能与黛玉西窗夜话，可以再亲近一些。这场无情的秋雨，打散了她们的约定。

黛玉心知宝钗是不能来了，难免有些失落。幸而宝玉执灯去了，弥补了她心底的怅然，添了几许暖意。宝钗心中亦是惦念，否则也不会当晚就使唤婆子去送燕窝。黛玉惜其情分，感动不已，给送燕窝的婆子几百钱打酒吃。自此之后，黛玉与宝钗便和别人不同。黛玉对宝钗的妹妹宝琴直唤妹妹，认宝钗的母亲为母亲。方有了宝玉这句：是几时，孟光接了梁鸿案。

只是，温暖的记忆，会随着光阴的徙转而慢慢冷却。大观园的风刀霜剑行将到来之时，宝钗第一个辞别，她以照料母亲为借口，仓促离去。她如此决然，是为了与贾府断了关联，为求洁身自保。她比任何人都明白，福祸相依，阴晴有时的道理。

凹晶馆的联诗中，找不到她的身影了，那时的贾府已透露出冷清之境。在注定的结局里，没有谁可以力挽狂澜。她到底不能陪黛玉在大观园里消遣，韶华白头，再美的承诺亦如一场清风，来去无痕。她们早已被批过宿命，一个是玉带林中挂，一个是金簪雪里埋。

纵是举案齐眉，到底意难平

“都道是金玉良缘，俺只念木石前盟。空对着山中高士晶莹雪，终不忘世外仙姝寂寞林。叹人间美中不足今方信。纵然是齐眉举案，到底意难平。”当贾宝玉在太虚幻境，听了这首《终身误》，那时虽不能顿悟其间的真意，却亦知万事皆有前因。

在那神仙缥缈之境，他饮过了千红一窟的好茶，品尝过万艳同杯的美酒。却不知，那些灵秀袅娜的女子，为何会唱出这等伤心情怀的曲子。只道是：“春恨秋悲皆自惹，花容月貌为谁妍。”

警幻仙子觉得尘世富贵之家的男儿，多为轻薄浪子，而宝玉偏是个痴情种，所以他此生注定在情海中漂荡，孤独无依。唯千帆过尽后，回首太虚幻境所知遇的一切，才明了，世间所有风月情债，早已在一个人出生之时编排好了。而每个人，只需按照生命的模样，匆匆行走，演绎着爱憎喜怒，离合悲欢。

宝玉天生为多情种，携一块美玉来到人世，不是为了渡化谁，只为了这一场红尘使命。他的前生为赤瑕宫的神瑛侍者，因动了凡心，便乘昌明太平盛世，意欲下凡造历幻缘，投生于贾府。

宝玉自小得祖母宠爱，与园里的姐妹们一同长大，故性情和一般男儿不同。素日里，时常会说出一些癫狂的话语，做出许多怪癖的举动。他认为“女儿是水做的骨肉，男子是泥做的骨肉。我见了女儿便清爽，见了男子便觉浊臭……”他喜混迹于女儿堆里，以吃她们唇上的胭脂为乐事。

就是这样一个多情的富家公子，原本应该处处留情，见花生色，见草怜惜。他虽与秦钟，柳湘莲、蒋玉菡等人有所亲近，亦喜宝钗的端雅庄重，湘云的潇洒飘逸，但他的真心，始终只交付给一个女子。他一生所爱之人，是林黛玉。

蒋玉菡情赠茜香罗

尽管宝玉只钟情于黛玉，他对别的女子，亦是百般怜爱。素日里，宝玉待大观园里的每个女子，都细心关爱，嘘寒问暖，上则小姐姑娘，下则丫鬟婢女。他曾说过一句话，为这些女儿操碎了心，为这些女子死了都甘愿。

一本红楼，无数次写到宝玉为诸多女儿家痴心不悔，爱惜不尽。他事事以那些女子为主，对贴身丫鬟更是呵护备至，从不忍她们受丝毫的委屈。晴雯病了，他请大夫，亲自查看药方，品尝苦药。他与袭人亲近，更甚别人，对她的关爱，远超了别的丫鬟。对其他卑微的小丫鬟，也是处处关心，从不恼怒。

宝玉对风流戏子亦生情，和秦钟一起上学堂，与蒋玉菡交换汗巾。为了他们被贾政痛打一顿，仍无怨无悔。他喜欢世间，一切美好洁净的人和事。宝玉在大观园，深受众人喜爱，小厮丫鬟们对他从无畏惧之心，素日里与他不分主仆，于一处嬉笑打闹。

贾宝玉将所有的柔情都给了林黛玉，她是他在大观园里，唯一的心灵知己。他对八股文深恶痛绝，将仕途经济的说教斥之为“混账话”。而黛玉深知他心性，对此亦从不规劝。更何况他与黛玉，在前世有一段宿债未了，今生必定要相依相缠。

所以宝黛之间，无论发生任何事，皆是难舍难牵。平日里，他们时常吵闹，纠葛不断。贾母曾说：“我这老冤家是那世里的孽障，偏生遇见了这么两个不省事的小冤家，没有一天不叫我操心。真是俗语说的，‘不是冤家不聚头’。”

是啊，不是冤家不聚头。宝玉对黛玉的爱，细腻温柔，无微不至，任何时候，皆关切她的病情与心情。但凡见到所喜的，便留下藏之，见到好吃的，亦遣人送至潇湘馆。黛玉一病，他便成日唉声叹气，求佛保佑。黛玉一恼，他百般哄劝，直到她破涕而笑为止。

宝玉对黛玉可谓是一片情深，不因物转，不以人改。他们自小一起长大，同桌同食，但不久后，薛宝钗来了，并带来了一块与玉相配的黄金锁。薛家乃金陵皇家富商，薛宝钗又生得花容月貌，端庄优雅。她不经意闯入他们的生活，惊扰了他们的情感。

许多人都想知道，宝玉对宝钗，是否滋生过几许情愫？尽管他将所有的真情，都交付给了林黛玉，但对于出类拔萃，品貌双全的宝钗，就没有一丝感情么？宝钗来贾府只是暂居，她进京是为了备选才人，而非为宝玉衔挂的那枚美玉。

贾宝玉初逢宝钗，书中无多详述。但他第一次奇缘识黄金锁，薛宝钗巧合认通灵宝玉，作者却是不惜笔墨，让人记忆犹新，那也是金玉良缘的初次邂逅。当日宝玉去探看宝钗，二人相见，宝钗见得宝玉项上挂的通灵宝玉，顿生好奇。

宝钗笑说道：“成日家说你的这块玉，究竟未曾细细的赏鉴过，我今儿倒要瞧瞧。”宝玉于是摘下玉石，递给宝钗。宝钗托在掌上，只见大如雀卵，灿若明霞，莹润如酥，五色花纹缠护。而通灵宝玉的正面写着“莫失莫忘，仙寿恒昌”。宝玉亦见识了宝钗的黄金锁，锁上面刻着“不离不弃，芳龄永继”。

当时宝玉看后，竟脱口而出，笑道："姐姐，这八个字倒和我的是一对儿。"更有宝钗的丫鬟莺儿说道："是个癞头和尚送的，他说必须錾在金器上——"她的话没有说完，被宝钗制止住了。后来薛蟠亦说过，宝钗项上的黄金锁，需要玉来相配。恰好宝玉衔玉来到凡间，他和宝钗仿佛注定有一段不解的情缘。之后，宝玉闻到宝钗身上不同寻常的香味，这个端然淑雅的女子，服用一种叫冷香丸的奇药。

自此，黛玉便为金玉良缘而惆怅难消。她知宝玉对自己的情意，但宝钗出众的才貌，以及她显赫的家世背景，还有那块黄金锁成了她的心病。她曾多次因金玉之说和宝玉吵闹，宝玉亦多番为此事辩解，再三盟誓，对其别无二心。可黛玉不信，她说："我知你心中有妹妹，可是见着姐姐，就把妹妹给忘了。"

黛玉的担忧难道真的是庸人自扰，杞人忧天吗？以她的聪慧，又怎会不知，她在贾府的地位。若非贾母的庇护，众人对她又怎会有多少尊重。她的担忧还是成了真，木石姻缘抵不过金玉良缘。就连一直珍爱她的贾母，亦说黛玉多愁多病之身，恐不得长寿。而认定宝钗是有福之人，可伴宝玉白首。

黛玉之忧是必然，就连宝玉有时候，亦会对宝钗迷失心性。尽管，宝玉对黛玉的爱恋之心，不曾转移，对宝钗始终，持有敬畏之情。但他也多次为金玉良缘之说而迷惘，在他内心深处，亦隐约地相信这段尘缘，否则他又何须在意。

一日午睡，宝玉于梦中喊骂："和尚道士的话如何信得？什么

‘金玉姻缘’？我偏说‘木石姻缘’！”当时宝钗坐在他身边刺绣，听了这话，不觉怔了。假如宝玉真的不屑一顾，缘何在睡梦中，都会为此事挂心不已。

也许宝玉心里惧怕，怕金玉良缘若成真，那么他和黛玉的木石姻缘，将被彻底粉碎。他所钟情的人，是林黛玉。于薛宝钗，只是一个平凡男子，对一个才貌双全的女子，生出的一些奇妙幻想，以及某种渴慕。

元春端午赏赐给宝钗的节礼独与宝玉一样，均有两串红麝香珠。元春的如此做法，令宝钗颇费思量。蕙质兰心的薛宝钗，又怎会不知宝玉和黛玉的那段儿女私情。可元春却独独送给她和宝玉一样的礼物，难道连这位皇妃，也认同了金玉良缘吗？

当宝钗戴上元妃送给她的麝香串，宝玉看到她雪白的手腕时，顿时痴了。他心里想：“若是这雪白如凝脂的手腕长在林妹妹手上，或许还可以摸上一摸，可长在她手上，就……”

这刹那的恍惚，并不意味宝玉对宝钗有情。他对宝钗此刻的感觉，只是一个男人对女人生出的美妙幻想。然像贾宝玉这样的多情公子 ，和袭人有过云雨之情，对晴雯别具他心，对许多妙龄女孩生出许多莫名的情愫。难道他面对艳冠群芳，任是无情也动人的薛宝钗，就真的不会生出一丝爱慕之情吗？

宝玉对宝钗亦有心，只是和黛玉的情感相比，这浅薄的心意，显得太微不足道了。因素日黛玉忌讳宝玉和宝钗之间的金玉良缘，

宝钗谈病配冷香丸

故宝玉在更多时候对宝钗，会敬而远之。宝钗对宝玉亦有诸多规避，她不想招惹黛玉误会，生出枝节。

偏生黛玉只对宝钗生忌惮之心，平日宝玉对其他人的爱慕，她似乎毫不在意。宝玉与众姐妹玩闹，尝丫鬟嘴唇的胭脂，为晴雯写多情祭文，和妙玉有过暧昧，黛玉皆忽略不计。或许在黛玉眼中，唯宝钗才是她强劲的对手，其他的莺莺燕燕，连过客都算不上。

可薛宝钗对宝玉，又存有怎样的心思呢？这样一位从容大雅的女子，在她端庄贤淑的外表下，生长着一颗不甘平庸的心。她才高志远，似乎时刻和身边的丫鬟婢女保持距离，就连迎春、探春、惜春几位姐妹也不十分亲近。于别人眼里，她随和大方，温婉纯良，却也是个冷美人。这样一个大智若愚的女子，又怎么会钟情于不求上进，只沉陷在脂粉堆里的贾宝玉？

宝钗早知宝玉和黛玉的那点心事，平日里一起嬉戏，躲避尚且来不及，何曾屑于掺合于他们之间，惹来猜嫌。直到她进宫选秀之事耽搁，那场送她青云直上的风止息，她似乎也该为自己的将来做打算。宝钗对宝玉的情感，该是姐弟之情，毫无半点男女之私。

宝玉挨打时，宝钗前去怡红院送药。见宝玉“睁开眼说话，不像先时”，心中亦宽慰了些，便点头叹道：“早听人一句话，也不至今日。别说老太太，太太心疼，就是我们看着，心里心疼……”刚说了半句又忙咽住，自悔说的话急了，不觉得就红了脸，低下头来。

宝钗对宝玉的关心，纯粹只是姐弟之谊。于她心里，所欣赏仰慕的，该是对功名有心，对仕途有求的大好男儿。宝玉一生对功利厌恶，视富贵如烟，可谓心无大志，只爱慕绝色佳人，热衷胭脂红粉。

无奈姻缘巧合，偏生她的金锁，需要和这样一块美玉相配。当贾府选定她为二少奶奶时，她不觉欣慰，尽管她拥有了人人艳羡的地位，不必为前程堪忧。但她明白，宝玉的心里永远住着一个林黛玉，她不过是一个寂寞相随的影子，连替身都做不了。

人在失去之时，方觉遗憾，并为此永远怀念。宝玉此生难忘木石姻缘，当林黛玉辞世后，带走的不仅是他的爱情，更带走了他对世间所有美好的幻想。因为黛玉，是人世间唯一的知己。

只有她，不会逼迫他走上经济仕途，不会说那些“混账话”。会和他一起葬花，一起共读《西厢》，彼此间毫无忌讳。所以纵算他对宝钗有一丝的爱慕和怜意，亦会因为黛玉之死，而荡然无存。

一朝春尽红颜老，花落人亡两不知。那段金玉良缘的美丽说法，在黛玉死后，宝玉出家时，被无情地批判。人生真的好讽刺，我们以为的圆满，却是填不满的缺憾。这世上，还有什么不可更换，世事从来无绝对，缘分亦不可强求。

红楼本一梦，是我们过于执着它的真假，对错，以及爱恨。作家张爱玲说：“一恨海棠无香，二恨鲥鱼多刺，三恨《红楼梦》未完。”红楼未完，高鄂难识曹公之血泪，固然可恨。但人生亦因了残缺而美丽，因了悲剧而经久。

曹公在书的开篇，便云：“满纸荒唐言，一把辛酸泪。都云作者痴，谁解其中味！”

则为你如花美眷，似水流年

“则为你如花美眷，似水流年。”是《牡丹亭》里的句子，数百年来，为人传唱，悠悠不尽。但凡锦句辞章，悲情故事，皆为世人所喜，深沉难忘。

这些时日，或临窗听雨，或坐于花影下，品一壶佳茗，读一册红楼，忆一段经年如水的往事。红楼本一梦，只是梦里的情景，书中的细节，总会于脑中浮现。大观园里的一庭一院，一草一木，于不经意间走入我的生命，稍一碰触，便刻骨惊心。

这一切，只是作者虚幻出的景致，人物亦如是。然于万千读者，却那么真实，仿佛在世间某个角落，曾经真的有过一座大观园，有过一处潇湘馆。林黛玉曾经在那里抚过琴，写过诗，焚过稿，甚至还能听到她的哭泣，闻到清淡的药香，以及那些风雨之夜她无处消遣的寂寥与愁肠。

依稀记得，沁芳涧桥边，那满地无从收拾的落红。每逢暮春，落英缤纷，便会想起黛玉游园，荷锄葬花的情景。而她与宝玉坐于桃花树下，共读《西厢》的那一幕，成了永恒的经典。

那是元春省亲后的日子，她回至宫中，想起大观园的绮丽景致，便命得府内那些能诗会赋的妹妹进去居住，不使佳人落魄，花柳无颜。而自幼在姐妹丛中长大的贾宝玉，自然也随着进园去读书了。生性喜静的黛玉，择选了雅致幽清的潇湘馆，此后开始了他们读书写字、弹琴下棋、作画吟诗的风雅生活。

人说宝玉多情，喜聚不喜散，他愿和众姐妹们永远厮守一处，永不分离。而黛玉无情，她喜散不喜聚，她说聚时欢喜，散后尤其冷清，这样不如无聚无散。想来黛玉自小离丧，知晓人生聚散，宛若浮萍漂水，一切浮沉无定，人间又何来有只聚不散的宴席。

皇恩重元妃省父母

若说黛玉无情，莫如说她太过深情，只有情到深处，方能感受到散后的落寞与凄凉，才会宁愿不聚不散。这样的女子，她遗世独立，不与人争，她脱俗的气质，诗样的情怀，于书卷中，在许多章节里，皆让人喜爱不尽。

莫笑前人痴，由来同一梦。黛玉葬花是一种痴情，黛玉焚稿则是断痴。那年三月，宝玉携了一套《会真记》，在沁芳涧桥边，桃花底下的一块石头上坐着细读。这本《会真记》是书童茗烟从外头寻来。《会真记》又名《莺莺传》，为《西厢记》源本，讲述的是唐代贞观元年张生与崔莺莺在普救寺的一段旷世情缘。

此书在古时，算是一种禁书，像宝玉这种王孙公子所读的书，该是《论语》《中庸》《大学》之类的，而《会真记》，写男女情事，人间风月的书，为旧时书房所禁。对于宝玉来说，这样的好书当视若珍宝。

此时的黛玉，荷着花锄，锄上挂着花囊，手中拿着花帚，姗姗而来。宝玉见之笑说，把这花扫起来，撂在水里面，顺风漂流。黛玉却回了这么一句："撂在水里不好。你看这里的水干净，只一流出去，有人家的地方脏的臭的混倒，仍旧把花糟蹋了。那犄角上我有一个花冢，如今把他扫了，装在这绢袋里，拿土埋上，日久不过随土化了，岂不干净。"

黛玉之心性到底与人不同，她葬花怜花，为落花寻香冢。之后，方有那哀怨缠绵，催人心肠的《葬花辞》。"花谢花飞飞满天，红消香断有谁怜。侬今葬花人笑痴，他年葬侬知是谁？"以花喻己，借花伤怀，感叹花落人亡，世情渺渺的悲凉命运。这样一位才情绝俗的女子，她悲悯的心肠，哀婉的情思让人无法不为之动容。

宝玉便要放下手中的书和黛玉一同葬花，黛玉问他是何书，宝玉慌得藏之不迭，说不过是《中庸》《大学》。冰雪聪明的林黛玉深知宝玉心性，素日对这类乏味的书籍避而远之，又怎会在此幽境读那闲书。于是便闹着要去瞧，方引出了宝玉这样一句话："好妹妹，若论你，我是不怕的。你看了好歹别告诉别人去。真真这是好书！你要看了，连饭也不想吃呢。"

宝玉一直视黛玉为红尘知己，可推心置腹。换作是宝钗或其他姐妹，他是断然不敢拿出此书的。他对黛玉有情，自小生爱慕之心，而书中的张生与崔莺莺的恋情，却是他心之所往的美好人生。

黛玉之心亦是如此，故她会放下手上的花锄，捧起书来，从头翻看。不到一顿饭工夫，将十六出俱已看完，自觉辞藻警人，余香满口。虽看完了书，却只管出神，心内还默默记诵。

林黛玉之所以如此深入其间，不能自拔，是因为书中的故事引起她的共鸣，是里面优美的辞藻打动她的诗情，亦是崔莺莺勇敢追求爱情的决心让她感动。她心中痴恋宝玉，却一直苦苦压抑，无法像崔莺莺那样表露情肠，更无法冲破世俗的礼教和宝玉相恋。这卷书给了她美好的幻想，让她为爱情筑梦，虽不能像《西厢记》里男女主角那般放逐自我，万千情怀，亦可付诸诗文。

一树桃花，落红缤纷，宝玉与黛玉坐于石几上，捧读《西厢》，桃花落至他们的发梢，衣襟，以及书上，那样美妙绝伦的情景醉人心肠。当他们双眸相视的那一瞬，是妙处难与君说的柔情，是梦里千百次相依的缱绻，是痴，是爱，是情，是恋。

其实，宝黛之间真正温情的时候并不多，像这般亲近的机会更少。他们共读《西厢》，感受张生和崔莺莺相依相恋的深情，再联想自身的处境，是喜，亦有忧，更有万语千言，无从说起。

有词云："一个是阆苑仙葩，一个是美玉无瑕。若说没奇缘，今生偏又遇着他。若说有奇缘，如何心事终虚化？一个枉自嗟呀，一个空劳牵挂。一个是水中月，一个是镜中花。想眼中能有多少泪珠儿，怎经得秋流到冬尽，春流到夏！"

这是一段旖旎的时光，柔情的画境，然一切美好，又如同落花一般，匆然易逝。本是前世有一桩未了情缘，为还一段债约而相遇相恋，却只是幻梦一场。在这温情时刻，于落红阵阵的桃花树下，宝玉对黛玉表白，一种看似婉转却又大胆的表白："我就是个'多愁多病身'，你就是那'倾国倾城貌'。"

宝玉将自己和黛玉比作了张生与崔莺莺，这是一对人间眷侣。此刻，他亦觉得自己和黛玉是一对恋人，是相爱的情侣。这是宝玉第一次对黛玉做出如此入骨的表白，他深知，黛玉一身的病，皆因他而起。

林黛玉听了该是欣喜万分，可书中却有这么一段描写。"林黛玉听了，不觉带腮连耳通红，登时直竖起两道似蹙非蹙的眉，瞪了两只似睁非睁的眼，微腮带怒，薄面含嗔，指宝玉道：‘你这该死的胡说！好好的把这淫词艳曲弄了来，还学了这些混话来欺负我。我告诉舅舅舅母去。’说到‘欺负’两个字上，早又把眼睛圈儿红了，转身就走。”

此处描写黛玉的表情是那么丰富，脸红，眉蹙，瞪眼，带怒，含嗔，最后还眼圈儿红了。她是喜之而怒，又无可奈何。林家虽无贾家花柳繁华，却也是书香世家，林黛玉自小受传统诗书熏染，故有着传统女性的含蓄与矜持。

黛玉当真觉得宝玉拿那些学来的淫词艳曲欺负她么？不，她又真的恼怒了么？亦不是。她自知宝玉对她说的这些是发自内心的真心话，不是欺负，不是取笑，不是随意调戏，而是他对黛玉的追求，是爱的表达。她既欢喜，又悲伤，若此时不顾世情礼仪，与之坐于花树下，互诉衷肠，该是多好。但现实如刀，斩断了彼此的距离，虽咫尺，却又遥不可及。

对于渺茫不可知的将来，黛玉是悲观的，她知崔莺莺对爱情的追求，只是书里的故事，戏里的情节。她知和宝玉这段情缘终难圆满，只因一切他们皆不能自主，更况有金玉良缘一说，若诅咒一般，让她日夜难安。她听到宝玉的表白，内心是悲欣交集，诸多感慨，不可言说。

在宝玉道歉之后，她自己却不禁说了一句：“呸，原来是苗而不秀，是个银样镴枪头。”她娇羞又调皮，含嗔带怒，风情万种，惹人怜爱。一番过目，《会真记》里面的内容与辞藻已被黛玉熟记，并且藏于心间。

不久后她又在梨香院墙角边听到戏文中的句子，更觉悱恻缠绵。那是《牡丹亭》中的唱词：“良辰美景奈何天，赏心乐事谁家院。则为你如花美眷，似水流年……”这些锦词妙句令她心动神摇，如痴如醉。姹紫嫣红的春光，只会频添她的伤悲。春花易落，红颜易老，一切美好的景致，宛如幻象，过后则是无尽的苍凉。

后来在一次行酒令中，黛玉不经意道出了其间的词句，宝钗听后还教导了她一番。那一番温情的对话，让黛玉和宝钗冰释前嫌，之间的情意比之其他姐妹，更要亲近。若一切如愿以偿，黛玉与宝玉有情人成了眷属，和宝钗成为知己良朋，如此人生当无憾事。

蛇影杯弓颦卿绝粒

她居住的潇湘馆，也不会日夜风雨不断，更不会为一件微小之事，生出猜嫌，泪落不止。最后落得焚稿断痴、泪尽身亡的悲凉结局。华丽的开场，落寞的结局，在作者落笔之前，便知这是一个悲剧。林黛玉是故事的主角，她注定是悲情的女子，无从选择自己的命运。

一切如词中所云，一个是水中月，一个是镜中花。虚幻的梦想，美丽的表象，是刹那云烟。宝黛花下共读《西厢》的脉脉温情，永远定格在美丽的三月，掩藏于书卷中。桃花流水，还有那如花美眷，似水流年都成了不可追忆的过往。

不仅是宝黛的这段木石姻缘，还有宝玉与宝钗的金玉良缘，以及大观园许多女子的美好年华，还有整座贾府，这个花柳繁华，温柔富贵的梦乡，都消逝在苍茫的时光中，封存于缥缈的岁月里。

人世悲欢如梦，梦时绚烂繁华，醒后已是沧海桑田。一切因梦而起，因情而生，又因梦而落，为情而死。世间事，过悲则喜，过喜则悲，爱无深浅，缘有尽时。

在那流水落红处，不知是谁在唱一阕婉转的歌，歌声如泣如诉：休笑前人痴，由来同一梦。绣金翠袖，难揾悲金悼玉泪。菱花镜里，谁拥旷世情种。罗带同心结未成，鹊桥长恨无归路。红楼今犹在，唯有风月鉴空。是的，红楼今犹在，唯有风月鉴空……

菊花如梦，片言谁解诉秋心

有那么一座富丽堂皇的庭园，其间楼台水榭，曲径幽阁，竹桥兰桨，菊圃桂苑，恍若云中别境，世外仙源。几位绿衣女子在桂花林中赏桂，另一处石桌上几个女子品茗对弈，还有人倚着栏杆将花蕊掷向水面，引来红鱼嬉戏。

垂柳下有人看鸥鹭，亦有红衣女子花下枕石而眠。有人立于石桥垂钓，有人举杯斟饮，有人穿花引线，她们或聚或散的身影落于亭台曲榭，就像一幅精帧描摹的百美图，于淋漓的水墨间显得意趣盎然。

这是曹公笔下的大观园，而这些女子，便是大观园中的红颜佳丽。她们在清秋的午后，赏菊吃蟹，折桂簪花，结社吟诗，于是便有了林潇湘魁夺菊花诗，薛蘅芜讽和螃蟹咏。有了满纸素蕊，有了片言秋心，有了那孤标傲世的清雅绝尘。

趁这碧云天，黄花日，带着寻梦之心，携几册线装《红楼梦》行至江南古典园林。在江南，名园繁多，过往居住的亦是达官显贵，风雅高士。但千百座园林，皆不及曹公笔下的大观园，只因园内的轩落，不曾有过那诸多钟灵毓秀的女子。

江南名园，汲取江南山水之灵秀，一样的亭台楼阁、曲径幽深，一样的梅影竹风、芭蕉庭雨。择一处临水的古意茶坊，泡一壶西湖龙井，于湛湛阳光下，将江南名园暂作大观园，聊寄依依素心，幽幽清梦。

园中正值菊花展，各地名花置于楼阁庭院，小径篱畔，带着天南地北的情愫，不同颜色，不同芬芳，竞相绽放，姿态万千。古来文人，爱菊者居多，屈原有诗云："朝饮木兰之坠露兮，夕餐秋菊之落英。"与菊结缘最深的，莫过于东晋陶潜。他写下："采菊东篱下，悠然见南山"的千古诗句，用淡泊明净的情操，刻画出菊花清雅馥郁之神韵。

这位旷世才女在吟咏桃花行、柳絮词之后，又一次吟出不同凡响、清绝超逸的菊花诗。那是大观园某个清秋的午后，阳光疏懒，屏栏竹桥，桂花香影，石亭曲榭旁，摆放着大簇大簇的菊花。园内一群烂漫风华的女子，赏花煮酒，在香深菊幽的意境里，滋生了诗样的情怀。

海棠诗社起于探春，别号蕉下客，居秋爽斋。她是贾府的三小姐，虽为庶出，却品格清高，不甘轻贱。俊眼修眉，顾盼神飞，文采精华，见之忘俗。这样一个人物，在贾府里，长辈们另眼相看，众丫鬟对之亦生敬畏之心。王熙凤赞其才识出众，若生为男儿之身，不定有一番作为。后来便有了王熙凤病时，探春与薛宝钗治理贾家的那一精彩情节。

曹公有诗句，描写探春的人物性格命运。“才自精明志自高，生于末世运偏消。清明涕送江边望，千里东风一梦遥。”探春是个有远见、有抱负、有作为，胆识过人，办事练达的女子。最后虽远嫁千里，将骨肉家园抛闪，但躲过了贾府败落倒塌的命运，远胜于其他诸位下场凄凉的薄命姐妹。

整个大观园，唯诗社令林黛玉为之欣喜动容。那日，以菊花为题，命大家吟诗之人是史湘云。她为金陵十二钗中，一位性情奇特，豪放不羁的女子。她有霁月风光的才华，春梦沉酣之娇态，亦有“云散高唐，水涸湘江”的凄清命运。

因麒麟伏白首双星

她虽生于公侯世家，却自幼父母双亡，不曾过上贵族小姐的高雅生活。但其个性爽朗，襟怀落落，有不羁的风度，侠女的豪迈。关于她的结局众说纷纭，有人说嫁与一位才貌仙郎，却暴病而亡，终生守寡，有人说落于秦楼楚馆，送往迎来，受尽屈辱。

在大观园，她得贾母宠爱，有薛宝钗为伴，林黛玉与她亦是闺中好友。她曾醉酒枕着石几，花下酣梦，又曾芦雪庵中吃鹿肉行酒令，于凹晶馆和黛玉联诗，咏出“寒塘渡鹤影”之句。而最为新颖别致的，当属此次提议作菊花诗。

隔夜里，史湘云便拟好了诗题，用纸笔写下，次日将诗题取出，用针绾在墙上，让众人自选诗题。新奇别致之处，令人叹服。亦由此牵引出后面众姐妹，吟咏菊花诗的曼妙风采。

史湘云做东，请得贾母众人吃蟹赏桂，宴席过后，众姐妹便于园内自在闲玩。或临水垂钓，或依栏散花，或柳下观鸥，或静坐闲饮，各自于心中酝酿，自选诗题。林黛玉提笔勾下了《咏菊》《问菊》《菊梦》三首，后凭借这三首菊花诗独占鳌头。曹公借用李纨之口将诗评为：“题目新，诗也新，立意更新，恼不得要推潇湘妃子为魁了。”

林黛玉本是大观园里，孤高自许，目无下尘的叛逆者，却得到了李纨的赞赏与认可。李纨是封建淑女典范，她行事端庄，为人纯正。她青春守寡，不浓妆艳抹，喜爱自然之景，于贾府低调为人，备受尊重。

林黛玉三首菊花诗别出心裁，不同凡响，她以菊花喻己，而菊花更寄寓了陶渊明淡泊孤高、不屑权贵、不流媚俗的洁净情操。曹公有着陶潜相似的情怀，一生爱好天然，向往自由，厌倦名利，甘于归隐。曹公将其所思所想赋于书中，从而塑造了一个敏感聪慧、高洁清雅，才华过人的林黛玉。

林黛玉在贾府，看似盛世清明，实则风雨飘摇，她本来自世外仙姝，寂寞林中，不能与尘同步，无法接受世俗的牵绊和禁锢。而这种种形象，起源于曹雪芹，以及陶渊明，甚至是古代许多文人高士。

这些人，多半为怀才不遇之士，满腹文章，被酷冷的现实，粉碎了过往的追求，以及美好的理想。而后生了愤世嫉俗的逃避之心，选择退离尘寰，啸傲林泉的归隐生活。他们怀着高洁寂寞之心，写出许多流传千古，风雅不绝的诗章。

林黛玉的高洁情怀，落于诗词，更觉风流。她对落花的悲悯，对缥缈命运的伤怀，还有那“草木也知愁，韶华竟白头”的柳絮词，以及《五美吟》中，所歌颂的五美，皆是敢于和命运抗争的坚强女子。尽管身世飘零，尘路坎坷，却依然敢爱敢恨，孤标傲世。

陶渊明采菊南山，把酒东篱的悠然淡泊，桃花仙源的梦境都是林黛玉心之所往。她渴慕红尘中，有那么一处远离纷扰世俗的雅致之地。有庭梅野鹤，翠竹清风，能够让她自由呼吸，容下脉脉心怀，以及超脱的诗情和刻骨的爱恋。故她才会对香菱推崇像王摩

蘅芜苑夜拟菊花题　藕香榭饮宴吃螃蟹

诘、陶渊明这样闲淡的诗人，才会吟咏出超然离世，清绝逼人的菊花诗章。

三首菊花格调新颖，立意脱俗，尽现潇湘妃子的绝代才华，幽怨情肠，以及对陶渊明高洁情操的向往与追求。陶潜为没落官僚家族的后裔，误落尘网，性本爱丘山。他亦曾期待入仕，后做过彭泽县令，又不肯为五斗米折腰。

陶潜弃官归隐，荷锄南山，寄身于草庐，付情于菊花，与山僧做伴，引青松为知己。而作者曹雪芹，同样出身于没落贵族，有着与陶潜一样的冰洁傲骨与高才雅量，终落到“举家食粥酒常赊”的潦倒地步。亦不肯向现实屈服，对封建王朝，黑暗官场深恶痛绝。

曹公将现实与理想，交织一处，倾注于如椽的笔墨，抒胸中块垒，写出耐人寻味，眷眷不舍的《红楼梦》。借林黛玉这位灵魂洁净，思想完美的女主角，表达自身的情怀与感悟。故林黛玉是“人间有一，天上无双”的绝世才女。

菊之芬芳和心事、菊之情怀与孤标，皆落于林黛玉婉转的笔墨中。“满纸自怜题素怨，片言谁解诉秋心。一从陶令平章后，千古高风说到今。”一首《咏菊》，看出林黛玉满纸素怨，一瓣心香，亦看出她对陶潜高风亮节之情操的赞赏与追求。

“孤标傲世偕谁隐，一样花开为底迟？”这首《问菊》更是独具风采，一句偕谁隐，为底迟，将菊花问得无言相对。陶潜归隐南山，愿做淡雅菊花，隐于世外，不染名利。“休言举世无谈者，解语何妨片语时。”结句处尤为豁达明净，直抵人心。

这便是林黛玉，喜散不喜聚的林黛玉，落泥淖始终洁白如一的林黛玉。她追求心灵的自由与默契，名花未必期人赏，尘世间，遇一知音足矣。黛玉一片冰心，托付给宝玉，她的诗情，她的爱意，以及她的相思，在大观园唯宝玉能够读懂。

“篱畔秋酣一觉清，和云伴月不分明。登仙非慕庄生蝶，忆旧还寻陶令盟。睡去依依随雁断，惊回故故恼蛩鸣。醒时幽怨同谁诉，衰草寒烟无限情。”世间美好，唯梦里方能寻见，庄周蝶梦，陶公旧令，于睡梦中缱绻，醒后又被现实无情粉碎。

衰草寒烟，云中哀雁，更添幽怨与凄凉。菊花若梦，为许多雅士所寻，林黛玉亦有梦，她的梦，无关权贵，无关名利，她不攀高，亦不怀远。她唯盼远离碌碌凡尘，与心爱的男子，在一宁静无争之所，守深稳现世，过闲雅人生。

她的梦，在陶潜的桃花源方可实现。那里没有君王，没有阶级，无压迫，无争夺，他们自给自足，安居乐业，过着与世无争的生活。又或是在寻常百姓人家，居竹篱茅舍，听林泉山风，和大自然相亲，不受约束。总之，她要的，不是“钟鸣鼎食之家，翰墨诗书之族”的贾府，也不是朱楼翠阁，花柳繁华的大观园。

林黛玉是矛盾的，她叛逆又迷惘，她追求爱情的自由，向往心灵的解脱。她读《西厢记》《牡丹亭》，她欣赏像崔莺莺、杜丽娘这样敢于追求爱情的贵族小姐，这些在她们看来是所谓的杂书，会移了性情，但林黛玉却喜爱至极，为之迷离倾倒。

但她又不能像崔莺莺、杜丽娘那样用行为来抵抗现实，或许说，她失去了抵抗的资本。倘若父母在世，为之做主，或许尚有挣扎的机会。贾府这座华丽的牢笼，囚禁了她的身子，更束缚了她的思想，她的一言一行，皆意味着其家世和教养。她不敢，亦不能轻易放纵自己，她只能将千种情怀，百般心事，赋于诗文，寄之草木。

陶渊明选择远离官场，拂袖而去，归隐南山，采菊东篱，曹雪芹则躲避纷扰世态，居幽巷陋室，虽清贫度日，却洒然轻逸。而弱质纤纤的林黛玉，于贾府丰衣足食，终寄人篱下，尝尽冷暖。她无处安放寂寞的灵魂，唯一的解脱，便是死亡。唯有死，方可脱离这虚妄的人世，了断风刀霜剑的日子。

林黛玉失败了，她反抗过，挣扎过，亦追求过，依旧换不来完美的结局。她耗费所有的情感，始终得不到贾宝玉，她没能逃脱泪尽身亡的悲凉命运。多少人，期待此生去一次大观园，过上一段悠闲赋诗，采花煮茗，吃酒行令的雅致生活。然这里，却是黛玉穷尽一生，想要逃离之地。

尽管她也曾有过美好的追逐，有过曼妙的诗情，后来皆湮没于茫茫世海。“天尽头，何处有香丘？”这里的香丘，是大观园某一处净土？还是陶渊明的桃花仙源？抑或是曹雪芹的太虚幻境？林黛玉的世外仙林？或者都不是，古往今来，多少人隐居林泉，小舟江湖，又有几人真正淡泊世外，悠然自处？

万般美好，皆是幻象。这个清秋午后，也只是一场梦，醒后于篱畔采一束野菊，带至屋舍，闲置于书斋，装点流年。看似走了一遭，又似乎什么也没有。

几十载光阴，在来与去之间，得与失之处，自有一缕痕迹，存留于世。轻轻掩上书扉，捡拾起破碎残缺的梦，悄然离去，不念天地之悠悠，亦不为谁频频回首。

一夜秋雨，将人世铅华洗尽

许多遥远的事，回忆起来，恍如就在昨天。那些清寂悠长、风声雨声、月明星稀的夜晚，总是独自于闺房捧读一本红楼，或吟风赏月，或隔帘雨声。就这样平静地走进红楼，以一个过客的身份，冷看那个富贵家族的世态百相，兴衰沉浮。

红楼女子春花秋月、悲欢离合的人生，多少次令我泪流满面，心绪难平。这些年，于梦里追寻，又在梦外失落，阅尽沧桑兴亡，历浮沉世事，再读时，又是怎样的滋味，哪般情肠？

在这风清露白的秋季，还是从一段秋梦开始，从林黛玉的《秋窗风雨夕》开始。黛玉这个绝代风华的悲情女子，主宰了红楼命运，亦主宰了金陵十二钗的命运。她葬花填词，菊诗夺魁，秋夜感怀，焚稿断痴等生动情节，将《红楼梦》浸润得柔肠百结，风情万种。

她含咏絮之才，用至真、至美、至性的情怀，演绎了其洁净又寂寥的一生。直到情缘断却，泪水还尽，无梦可做时，方彻底离开大观园。那一处寄梦栖身的潇湘馆，是红尘的牢笼，囚禁了她的青春，她的梦想。但也是她的国，掩门独立，她感春悲秋，写诗抚琴，与人无尤。

黛玉用一生的风华，换取一段缥缈不可得的情缘，留给我们的，是一场短暂的春梦，是一声美丽的叹息。而这一段秋窗秋夜秋雨的历程，成了她生命中那桩即将沉落，又被反复忆起的往事。

我不知，这是黛玉居大观园的第几个秋天，只知这个秋夜有风有雨，还有许多无处消遣的愁怨与惊惧。又或许，于黛玉眼中，每一个日子都是风刀霜剑，皆是凄风苦雨，年年岁岁病痛的折磨，内心的愁闷，令她更加凉薄无助。这个秋夜，林黛玉病卧潇湘馆，独自听着淅沥萧瑟的雨声，寂寥又漫长。

接外孙贾母怜孤女

都说光阴如水，转瞬而逝，但朝云暮雨，生离死别，皆需亲历亲尝。世人怨怪黛玉过于多愁悲伤，没有谁，知晓她寄人篱下的卑微与凄凉。生命本是一场轮回，从简单到繁复，再回至简单。那么多深沉的解读，原只是肤浅的表象。万事皆有前因，一如曹公当年写下红楼，也只是记述自己的一段人生历程，几番岁序的感悟。

他塑造了一个虚幻的林黛玉，乃天界仙草，下凡人世，又真实可依，骨血分明。林黛玉爱憎分明，从不虚伪掩饰什么，亦不去假意迎合谁。她在自己的世界里，感伤落泪，悲情吟咏。贾府多少人，对其有讥讽之心，她亦假作不知，无关己事。

世间万物，有其所短，有其所长，怎可尽随人心。她是世间唯一的林黛玉，无论经受多少锐利刻薄的语言，被多少人无端批判，她还是林黛玉，是《红楼梦》中不可缺少的人物，是大观园里绝美的风景，亦是金陵十二钗中最有风骨，最有才情的女子。

林黛玉病了，在这秋夜之前，她就病了，一病就是多年，一病便再没好过。秋雨浸染了潇湘馆的几竿青竹，秋风过处，落叶铺洒在苔藓斑驳的石径，更添凄清。黛林临着秋窗，于灯下倦懒地翻看《乐府杂稿》，见有《秋闺怨》《别离怨》等词，不觉心有所感，诗心顿起，遂成《代别离》一首，拟《春江花月夜》之格，乃名其词曰《秋窗风雨夕》。

“秋花惨淡秋草黄，耿耿秋灯秋夜长。已觉秋窗秋不尽，那堪风雨助凄凉！助秋风雨来何速？惊破秋窗秋梦绿。抱得秋情不忍眠，自向秋屏移泪烛。泪烛摇摇爇短檠，牵愁照恨动离情。谁家秋院无风入？何处秋窗无雨声？罗衾不奈秋风力，残漏声催秋雨急。连宵脉脉复飕飕，灯前似伴离人泣。寒烟小院转萧条，疏竹虚窗时滴沥。不知风雨几时休，已教泪洒窗纱湿。”

都说，字如其人，诗若其心。黛玉之心，敏感亦悲凉，消沉又惆怅。于这风雨之夜，她感怀自己凄凉的身世，渺茫虚无的未来，以及那不知缘浅缘深的情感，还有惶惶不可终日的今朝。这一切，前世因，今生果，若河山不可逆转。她的诗文，仿佛可以预知自己行将逝去的年华，幸福如摇曳的灯影，闻风即碎。

那一夜的潇湘馆弥漫着浓浓秋意，仅是一首二十句的诗，却含藏了十五个秋字。漫天飞散的秋意铺天盖地卷来，沉沉落在一个病弱少女的心中。她美好的梦幻，古典的情怀，以及对人世最后一丝眷恋，一抹温暖，都被这萧疏的秋景惊扰，无从捡拾。

黛玉之心，无人可解。这一场秋雨，落在贾府，可谓是众生平等。每处轩落的主人，赏雨之心各有不同。他们亦有失意苦闷，有不能圆满的情缘，无处诉说的心事。独黛玉心性，与别人不同，她的人生际遇，她的诗情，在此秋雨之夜，更得意境。

于是有了像贾宝玉这样的知音，有了凄凉背后的短暂相聚，片刻温馨。黛玉吟罢搁笔之际，宝玉来了，他披衣戴笠而来，在这昏暗的风雨之夜，宝玉的到来足以见得他对黛玉的百般挂牵。

安寝之前，他放心不下潇湘馆病弱的林妹妹，那个让他魂牵梦萦，虽近在咫尺却又远若天涯的女子。他不忍让她独立黄昏，听风候雨，哪怕只是简单地探看，一声问候，亦可心安。

这些年，宝玉在有情和无情之间彷徨，于爱和怨之间纠缠。他和黛玉青梅竹马，两小无猜，又来了位绝代佳人薛宝钗，让他们之间生出诸多猜忌。他自知此心不负黛玉，而黛玉亦是痴心不改，可彼此始终隔着一道院墙，几丛花径，两两相望。

黛玉见宝玉披的蓑衣斗笠不是寻常市卖，十分精致，宝玉道为北静王所赠，改日亦为其寻来。黛玉忙笑说："我不要他。戴上那个，成个画儿上画的和戏上扮的渔婆了。"说罢方后悔不迭，羞红了脸。

黛玉将宝玉比作渔翁，自己比作渔婆，不经意的一句话，让他们瞬间亲近了许多。但这随意的闲谈，似乎又暗喻了不吉之字。"画儿上画的""戏上扮的"，仿佛宝黛的情缘，只存在于画中，落于戏文里，虚无缥缈，不能真实地存在。

再华美的戏剧，都会有散场之时，此刻他们不过是戏里装扮的角色，待戏落幕，擦去油彩，什么也不是。他依旧是怡红院的富贵闲人，她还是湘妃竹畔的潇湘妃子。

宝玉不留心，因见案上有诗，遂拿起来看了一遍，又不禁叫好。黛玉听了，忙起来夺在手内，向灯上烧了。这首《秋窗风雨夕》唯宝玉一人读过，又或许，黛玉之诗，亦只期待他一人读懂。刹那惊鸿，足以令其牵系回味一生。

金兰契互剖金兰语　风雨夕闷制风雨词

宝玉临走前，黛玉取来一盏玻璃绣球灯，照彻他归去的路，亦温暖他的心肠。宝玉一生视金如土，但凡他有的东西，无论是小厮丫鬟皆可取去。唯黛玉所赠之物，他如珍视宝，吝啬于人。黛玉给他绣的荷包，黛玉赠的绣球灯，与黛玉相关的一草一木，于他有千钧之重。

然而，他的梦，最终还是若这盏玻璃绣球灯，破碎了。当一切灰飞烟灭时，宝玉也勘破生死，远离红尘，出家为僧。他一生盼着花好人圆，愿大观园的姐妹可以长相厮守，不离不弃。当她们一个个离开之时，宝玉的心，便再无留恋之意。黛玉泪尽人亡，贾府轰然倒塌，宝玉则是心灰意冷，不再悲伤，选择芒鞋破钵，赤条条来去无牵挂。

这是一个不平凡，有故事，且充满温情的秋夜。在黛玉写下《秋窗风雨夕》之前，曾与大观园中另一个绝代女子，有过一番真切情深的谈话，她是薛宝钗。其实，黛玉和宝钗，虽心性迥异，却能心意相通。因为一块黄金锁，让她们之间的情分，似近非近、似远非远。

那日，宝钗来探望病中的黛玉，因几两燕窝，而牵引出她们内心真挚的情感。黛玉对宝钗道出了肺腑之言："你素日待人，固然是极好的，然我最是个多心的人，只当你心里藏奸。从前日你说看杂书不好，又劝我那些好话，竟大感激你。往日竟是我错了，实在误到如今。细细算来，我母亲去世的早，又无姊妹兄弟，我长了今年十五岁，竟没一个人像你前日的话教导我……"孤高自许的林黛玉，素日对宝钗无多亲近，如今这番言语，出于真心，亦需要勇气。

这亦是林黛玉的可贵之处，她虽孤傲，却本性天然。一段话，让原本疏离的两位女子，自此比别人亲近。曹公用他温润的笔墨，轻易将两个本该一生背离的女子，变成闺中挚友。倘若宝钗不这般艳冠群芳，倘若她进宫有望，又或者没有黄金锁，黛玉之心，不必如此仓皇难安。

之后有了宝钗贴心的安慰，有了雨夜里她遣婆子送燕窝的情义。若没有这场风雨，宝钗定会亲自来潇湘馆，二人于灯下听雨闲话。便不会有黛玉的《秋窗风雨夕》，亦吟不出秋花惨淡秋草黄，哪堪风雨助凄凉之句。然世事有定数，一切皆遵循作者的编排，阴晴圆缺，悲喜离合，如何删改？

一场秋风秋雨，洗尽世间铅华。萧疏凋落的又岂是大观园那个小小的潇湘馆，整个贾府亦沦陷在一个漫长的秋季中，随时面临着破败的结局。“说什么天上夭桃盛，云中杏蕊多；到头来，谁把秋捱过。”

是啊，谁把秋挨过，林黛玉挨不过秋天，贾府的纨绔子弟，太太小姐亦挨不过。千古河山看似不曾更换，但朝代易主，岁序流转，人世早已悄悄改变。谁能挨过几个春秋？谁能让富贵旖旎之景永不衰落，谁又能让千年大厦永不倒塌？

天地万物，盛极必衰，强极则辱。贾府从鼎盛走向衰亡是一个必然的结局，而大观园的女子，亦更改不了她们的悲剧命运。风雨庭院，秋水文章，几经徙转，终解脱不了兴亡，抹不去沧桑。

人面何处，桃花依旧笑春风

唐人崔护有诗吟：“去年今日此门中，人面桃花相映红。人面不知何处去，桃花依旧笑春风。”千百年过去了，依稀还能看见那个人面桃花的女子，倚着柴门，将人间芳菲看尽。而那位书生，叩门相寻，竟与之擦肩，方有了人面不知何处去的落寞和遗憾。

李白有诗：“桃花潭水深千尺，不及汪伦送我情。”他以桃花寄情，深不可测的桃花潭水，抵不过汪伦对他的真挚情意。还有陶潜的《桃花源记》，则是在一片盛放的桃林里，居住着一群避秦乱之人，他们在那与世隔绝之所，耕种劳作，安静无争。

而《桃花扇》里，侯方域和李香君那段缠绵悱恻、悲戚感人的爱情故事，令人读罢百转千回。李香君血溅桃花扇，点染一枝桃花。她是金陵城有气节有骨气的女子，那一缕香魂，是否还记得风中的承诺，又或是随纷落的桃花，散去天涯，忘记归路。

我与桃花无有承诺，更无前世之约，不结缘于世，只作是春日一道不可缺少的风景。这些年为了虚妄的生活四处奔走，少有闲情雅致，去赏悦故园的桃花。人生之事，若花开花落，安然有序，千古沧桑，也不过是檐角的一缕薄风，故园里一株遗忘的草木。

今逢落花时节，游人散淡，花径残红，尘世里惜花怜花人又有几多？那个独倚花锄，葬花洒泪的女子，去了何处？一直以来，只知黛玉居潇湘馆，与轩窗外的几竿翠竹相知相伴，竟忽略了，她与桃花，亦有一段缘分。

黛玉于暮春时节，拾花葬花，吟咏葬花词，惹人感伤落泪。后又咏桃花诗，华丽凄美的辞藻，令人流连忘返。一直以为，世间女子，皆为草木，存天然之姿，怀静美之心。曹公亦给大观园的诸多女子，安置了轩落，而每处轩落，皆有寄寓其心性的花木。或为兰草，或为梅竹，或为芷若，或栽菊植松，或只种藤蔓。

那日，湘云打发翠缕去往怡红院，说：“请二爷快出去瞧好诗。”原来，园内众多姑娘早已在沁芳亭赏景读诗。数日里，各自忙碌，诗社散了一年，无人作兴。今万物逢春，皆主生盛，黛玉作下一首桃花诗，湘云便将海棠社改作桃花社。

“帘外桃花帘内人，人与桃花隔不远。东风有意揭帘栊，花欲窥人帘不卷。桃花帘外开仍旧，帘中人比桃花瘦……泪眼观花泪易干，泪干春尽花憔悴。憔悴花遮憔悴人，花飞人倦易黄昏。一声杜宇春归尽，寂寞帘栊空月痕！”

这首桃花诗比起葬花词又别有一番风味，但终离不开黛玉那份凄婉的柔肠，无限诗意，催人泪下。黛玉此一生，离不开药，更离不开诗。宝玉看罢并不称赞，却滚下泪来。宝琴笑说是自己所作，宝玉笑道："我不信。这声调口气，迥乎不像蘅芜之体，所以不信。"

宝玉又道："我知道姐姐断不许妹妹有此伤悼语句，妹妹虽有此才，是断不肯作的。比不得林妹妹曾经离丧，作此哀音。"知黛玉者莫若宝玉，他的心，已被桃花诗凄凉之景，摄住了魂魄。

黛玉寓情于景，杜宇悲鸣，春尽花谢，人去楼空，一切伤情，皆落于诗行。寂寥人生，万物皆有所寄，有人寄之草木，有人寄之杯盏，也有人寄于名利。黛玉将千情百态，寄于诗篇，一如我，将万种情怀，寄于文字，寄于山水，寄付佳茗一盏，弦琴一张。

林黛玉却赐苓香串

桃花诗透着绵绵不尽的哀怨，读罢令人感伤落泪。我们亦是赏花惜花之人，在漫长的人生路程中，蹉跎四时之景。香园小径，寂寞帘栊，唯几朵桃花，于枝头嫣然留笑。她在潇湘馆里伤春，悲愁如许，瘦比桃花。其实，黛玉感伤的又岂止是薄弱的桃花，她感伤的是那段渺茫无主的爱情，是行将断送的青春。

她不知，她的感伤，在贾府里不为人所惜。她想要的幸福，若春光，看似灿烂，然则简短。她与贾宝玉的木石姻缘抵不过薛宝钗的金玉良缘，她孤高傲世之性情，得不到众人的赞赏，尤其是贾宝玉之母王夫人。幼时尚有祖母史太君的宠爱，但年深日久，连祖母的心，也偏向德才兼备的薛宝钗。

薛宝钗亦写诗词，但她深知这绝非达官贵人专研之路，她曾表达过对诗词不必过于溺爱的观点。只做闺阁之乐，深入其间，难免移了性情。但她写的诗，又是极好，沉稳圆润，大气浑厚。她吟咏“好风凭借力，送我上青云”，令人赞叹不止。

黛玉之诗，灵巧有余，又总是过于哀婉。她立于红尘，看四季流转，花木荣枯，感怀自己身世，见花伤情，逢雨落泪。她至情至性，温婉柔弱，总是在无人的角落里，寂寞孤吟。最后躲不过宿命的安排，落得悲郁而终的凄凉下场。

所谓诗如其心，文若其人。黛玉借诗抒怀，她看到残落的桃花，便知万千萧索之景，预示了其将来的命运。就连宝玉，都不能一生得贾母恩宠庇护，更况于她？她说，她只是寄身于贾府的过客，一草一木皆是别人的。她的生命，宛若这灿烂的桃花，几度鲜妍，便已是落红。

再读《桃花行》，似见桃花纷飞，美人垂泪。人与桃花不过一帘之隔，桃枝疏影，芬芳漫溢，占尽风流。这瘦比桃花的女子，相思成疾，桃花亦解人情，也懂忧愁，却也抵不过岁月流转，季节轮回。

满地落红，是残春，也是黛玉未曾绽放便凋落的爱情，以及早逝的生命。漫漫河山，草木有情亦无情，如宝钗所说，过于地沉浸，只会移了性情。黛玉是个痴者，宝玉亦是如此，唯宝钗真正知晓世情，她对人事，皆不肯过于亲近染身。虽未能躲过孤清的命运，但以她之豁达心性，亦当不惧未来的风雨人生。

若黛玉自小不经离丧，居姑苏风流地，得父母恩宠，不寄人篱下。或许，她之心性，不至于过悲。黛玉之美，是诗性的美，亦是悲剧的美，她怯弱不胜，却有一段自然的风流态度。她自幼多病，与僧道结缘，三岁时曾有一癞头和尚要化她出家。后说此一生若不见生人，不见眼泪，方能保之。

但母亲去世，她被外祖母接去金陵，于贾府和宝玉重逢，自此便以泪还之。黛玉虽是悲剧人物，但素日里，她于众姐妹中，最是调皮机敏。她的诗句，也不全是哀音，她喜王维之诗，爱自然山水，怀草木心性。

元春省亲时，黛玉替宝玉作了一首诗，名为《杏帘在望》。“杏帘招客饮，在望有山庄。菱荇鹅儿水，桑榆燕子梁。一畦春韭绿，十里稻花香。盛世无饥馁，何须耕织忙。”于她心里，亦渴望盛世清明，山河静美。

人间有恨，她不过是下凡来尘世走一遭，经历爱恨悲喜，终要离去。世间的男欢女爱，不属于她，纵有留恋，亦作草草。所以贾府只是她寄身之所，报恩之地，是为了让她与宝玉，生一段情愫，了一段债约。

黛玉之诗心，玲珑清雅，她又何曾忍心辜负光阴，终日与药草做伴。她所向往的生活，是与众姐妹结社吟诗，与宝玉长相厮守，是让自己真正融入贾府，再无寄人篱下之感。她不是隐者，胜似隐者，她的潇湘馆，亦如妙玉的栊翠庵，她之悟性，不弱于妙玉。但她深陷情爱，不得自拔，纵明心见性，终不得超脱。

我亦无名利之心，误落尘网，挣不脱的，也只是情字。然人生若无情，又该多么无趣，奈何情伤人，亦误人。黛玉一生，若桃花，于枝头灿烂过，之后随水成尘，杳无踪迹。我则是那故园的一株瘦梅，花开有时，花落亦有尽。

那些美好的光阴，那位诗情的女子，那开了又谢，谢了又开的桃花，如一场梦，梦醒后，说没就没了。多年以后，谁还会执一枝粉桃，在金陵三月的春风下，与你温柔相认。

卷五　孽海情天

品一壶，世味熬煮的茶

茶烟日色，梅枝竹影，时光浩荡千年。茶与我结缘，一如唐宋书卷，多年来不离不舍，似旧友，如至交。饮茶，于古老东方，已成一种风尚，亦为雅趣闲情。茶植于云雾之巅，集天地之精气，承甘露之芳泽，秉草木之灵性。

古人对植物的推崇，于花木之喜爱，皆在于个人的情操和雅兴。先秦爱兰草，晋人爱菊，南北朝爱莲，唐人爱牡丹，宋人爱梅。他们爱花食花，以花木为知己，伴其寂寞生涯，清凉岁月。屈原有诗云："朝饮木兰之坠露兮，夕餐秋菊之落英。"而茶，则是草木之仙骨，天地之灵卉，王侯将相爱之，寻常百姓爱之。

宝玉在游历太虚幻境时，曾蒙警幻仙子赐茶，茶名曰千红一窟。警幻道："此茶出在放春山遣香洞，又以仙花灵叶上所带之宿露而烹。"如此一杯香茗，集仙花洁净之肌骨，灵叶冰清之玉露，可谓仙界佳品，凡骨俗胎怎可品尝？

千红一窟和万艳同杯，皆隐喻了红楼女儿一生的命运，或聚散，或悲喜。饮茶的情趣，与人的性灵相关，茶和人的相逢，也是一种缘分。茶在红楼里，是一道不可缺失的风景，是一盏不能舍弃的佳茗。红楼文化，红楼故事，亦在一盏茶的清香里，徐徐舒展，由暖转凉，由浓到淡，直至彻底无味。

林黛玉初进贾府，第一场宴席上，她被留于贾母房中吃饭。寂然饭毕，各有丫鬟用小茶盘捧上茶来。当日林如海教女以惜福养身，饭后待饭粒咽尽，过一时再吃茶，方不伤脾胃。今黛玉见贾府许多事情不合家中之式，便随之改过来。漱口完毕，又捧上茶，这方是吃的茶。

旧时贵族人家，对日常生活，颇有讲究。贾府以茶漱口，是一种典雅的生活方式，亦起到健齿之功效。虽是寥寥数笔，可见贾府与寻常人家不同，更让人对黛玉生出几分怜惜。她年幼丧母，方客居于祖母家，虽锦衣玉食，终是寄人篱下，独自悲戚。就连自小养成的生活习惯，亦不得不入乡随俗，一一改之。

冰雪聪慧的林黛玉，早懂人情世故，初进贾府时，她便是“步步留心，时时在意，不肯轻易多说一句话，多行一步路，唯恐被人耻笑了他去。”及至后来，她在府内于礼节上，从不敢有丝毫造次，半点含糊。饭后一盏寻常的茶，牵引而出的家世背景，耐人寻思。

茶有优劣，人有雅俗。中国茶叶百媚千红，《红楼梦》中出现过的茶名亦有数种。栊翠庵出现过的六安茶和老君眉、暹罗国进贡的暹罗茶、宝玉所钟爱的枫露茶、普洱茶，以及黛玉房中的龙井茶。以上几种茶均为古代朝廷贡茶，可见贾府之鼎盛，于当时地位之高。

妙玉知贾母不喝六安茶，特备好老君眉。曹雪芹让栊翠庵的妙玉深懂茶道，茶有佛缘，亦有禅韵。六安瓜片虽为极品茶，清时乃朝廷贡茶，但叶片过宽，不够细腻。而老君眉为仙茶，嫩芽制成，香气高爽，清雅逼人。德高望重的贾母，喝老君眉亦显示出其不凡的身份。

普洱茶出产于云南，集散在普洱县。自唐始用，到宋时已列为贡品名茶，是怡红院里的常备茶。普洱茶储藏于岁月深处，越陈越香，懂得普洱者，亦当是一位有深刻内涵之人。曹公的文字，恰似一壶陈年普洱，文火慢煮，方闻其香，方得其韵。

当宝玉得知他早起沏的一碗枫露茶，被李嬷嬷喝去时，不仅摔碎茶杯，泼了茜雪一裙子的茶汤，还动怒要赶走李奶妈。清代顾仲说："凡诸花及诸叶香者，俱可蒸露，入汤代茶，种种益人，入酒增味，调汁制饵，无所不宜。"而枫露点入茶汤中，即成枫露茶。宝玉说这盏枫露茶，要三四次后才出色，可见他对枫露茶的喜爱。

素日里，宝玉是一个宽容随和之人，莫说是一盏茶，就算是打碎了玉石器皿，丢失了珠宝金银，他皆是不闻不问。更况李嬷嬷还是他的奶妈，他怎会为一盏茶，而骄纵任性，迁怒于人。爱茶之人，对茶汤的珍惜，远胜过世间名贵俗物。

生长在江南水乡的林黛玉，自是喜爱杭州的龙井茶，姑苏的碧螺春。一盏翠绿清茗，可见江南女子天然温婉、高雅不俗的气质。江南秀水灵山所滋养的茶，有一种沁人心脾的凉意和清醒。茶知人情物意，解山水清欢，亦懂冷暖悲喜。

第二十五回中，凤姐、宝钗、黛玉和宝玉等人对暹罗贡茶的认知，可见人物之心理。宝玉说不大甚好，不知别人尝了怎样。宝钗说味倒轻，只是颜色不大好些。而凤姐却说，我尝着也没什么趣儿，还不如我平日吃的呢。唯独黛玉道："我吃着好，不知你们的脾胃是怎样？"

虽是暹罗进贡来的茶，于他们眼中，亦只是寻常之物。凤姐来自金陵王家，她要显出富贵人家的气势，纵是尤物亦不会十分认可。宝玉骨子里离经叛道，对朝廷之贡品，自说不好。至于宝钗，圆融通透，当是应允凤姐的话。而黛玉不必迎合奉承谁，她性喜清淡无争，她杯盏的茶，亦是淡雅脱俗，芬芳宜人。

每个人杯中的那盏茶，都有其不同的味道，一如人生，可品出不同的悲喜。凤姐笑说："你既吃了我们家的茶，怎么还不给我们家做媳妇？"一段微妙对话，道出中国民俗茶与婚姻的联系。茶可以定情，结亲。古人认为，茶树不能移植。"茶不移本，植必生子，古人结婚必以茶为礼，取其不移置子之意也，今人犹名其礼曰下茶。"

茶圣陆羽，曾著有《茶经》。其间写到，茶之源，茶之具，茶之器，茶之煮，茶之饮等茶理。《红楼梦》曾细致写过妙玉择水的

贾宝玉品茶拢翠庵

門不鎖待雲封
菩提大慈悲

片段，读罢让人觉得，品茶不仅是一种雅趣，更是一种文化。古人亦用雨水、冰水、露水、雪水等来煎茶。煎茶的过程，取决于茶水，亦随当时之气候，煮茶人之心情，每一盏茶汤，皆有不同的韵味和闲情。

妙玉递给贾母一杯老君眉，贾母接了，问是什么水。妙玉笑回："是旧年蠲的雨水。"妙玉对茶珍爱至极，她只与喜爱，欣赏之人喝知己茶，但对于客人，她亦是礼遇相待。之后，她约上宝钗和黛玉进屋内，自向风炉上扇滚了水，另泡一壶茶。宝玉便走了进来，笑道："偏你们吃梯己茶呢。"

黛玉因问："这也是旧年的雨水？"妙玉冷笑道："你这么个人，竟是大俗人，连水也尝不出来。这是五年前我在玄墓蟠香寺住着，收的梅花上的雪，共得了那一鬼脸青的花瓮一瓮，总舍不得吃，埋在地下，今年夏天才开了……隔年的雨水，哪有这样的清醇，如何吃得？"

一席话，可见妙玉是个品水的行家。黛玉知她天性怪僻，不好多话，亦不好多坐，吃完茶，便约着宝钗走了出来。若换了别人，黛玉定要气恼，可于妙玉，她无有任何猜嫌。妙玉本修行之人，怀淡泊心，况特意邀请钗黛吃梯己茶，并为她们取出如此珍贵的香雪水，一盏茶见其真心，亦感其情意。

茶器之美，亦是令人赏心悦目，贵族之家皆藏有精巧的茶器，其中以"景瓷宜陶"最为著称。《红楼梦》里，便出现了许多茶具，王夫人居坐安息的正室里，茗碗瓶花具备。贾母的花厅上，摆着洋漆茶盘，里面放着旧窑什锦小茶杯。而妙玉用的绿玉斗精巧雅致，更非同一般。

品茶栊翠庵，对茶具的描写尤为详细。“只见妙玉亲自捧了一个海棠式雕漆填金云龙献寿的小茶盘，里面放了一个成窑五彩小盖钟，捧与贾母，然后众人都是一色官窑脱胎填白盖碗。”

妙玉为宝钗和黛玉，取出两只精致的杯子。𤫩爮斝递与宝钗，点犀䀉斟了递给黛玉。仍将前番自己常日吃茶的那只绿玉斗来斟与宝玉。这些茶具，都是古玩奇珍，不禁让人疑惑，妙玉究竟有着怎样不凡的身世，方能拥有如此多的天下珍宝。

她对茶道的精妙圆融，令人叹为观止。多年的庵庙生活，让她静心修行佛理，精研茶道，以煮茶，品茶来打发庙堂寂寥的光阴。她这样说：“岂不闻一杯为品，二杯即是解渴的蠢物，三杯便是饮牛饮驴了。”

刘姥姥喝过的杯盏，她要弃之不用。更道：“幸而那杯子是我没吃过的，若我使过，我就砸碎了也不能给他。”如此洁净之人，却将自己常喝的绿玉斗给宝玉，且毫不避嫌，可见她对宝玉的情意。她认宝玉作知己，对其倾慕，她所斟的是一盏情茶，只是茶凉人散，再难重逢。

喝茶亦讲究环境，方能与茶性之清雅悠然相通。周作人写：“喝茶当于瓦屋纸窗之下，清泉绿茶，用素雅的陶瓷茶具，同二三人共饮，得半日之闲，可抵十年的尘梦。”或于室内，凉台空屋、明窗净几，怡然自得。若临山水之畔，更是风雅，又或处林竹之荫、沐清风朗月。

在花柳繁华地，温柔富贵乡的大观园，如此雅境处处皆是。大观园的多情女儿，她们于亭台水榭，溪桥花影下，联诗结社，喝茶嬉闹，看罢一场又一场姹紫嫣红的春光，亦虚度了美景良辰。

人生如茶，品时芬芳浓郁，品后寡淡无味。荣枯有定，盛衰必然，人走茶凉，这世间何来不聚不散的人生，而长盛不衰的家族与王朝又去哪里寻找？斜阳庭院，道不尽花开花谢，掩不去沧桑兴亡。

多少人，借一盏茶，来消磨光阴，洗尽心情。妙玉在栊翠庵煮一炉禅茶，黛玉则于潇湘馆喝一盏情茶。我们亦只是时光之过客，在万千杯盏中，找寻那杯属于自己的茶。而后，饮尽千江之水，饮罢明月清风。

交杯换盏，一梦醉浮生

一本书，一个故事，一桩尘缘，乃至久远的历史，都是一壶佳酿。封存在岁月深处，经时光浸染，待到开启时，甘醇馥郁的芬芳，沁人心骨，沾之即醉。

历史的杯盏，从来不是空落无主，无论是《诗经》《楚辞》，又或唐宋诗词，元明之曲，文辞锦句皆飘散着酒的芳香。帝王将相的宫廷盛宴，布衣百姓的市井柴门，文人墨客，或贩夫走卒，都离不开那一盏解忧怡情的佳酿。

青梅煮酒论英雄的往事，仿佛还在昨天，而我已不再少年。那些诗酒年华的记忆，历历在目。浣纱女给百里溪一杯博取功名的酒，才有了流传在市井的《琴歌》。文君为了奔赴司马相如，当垆卖酒，一曲《白头吟》感人至深。古时文人墨客，失意或得意，出世或入世，酒是消解寂寥的汤药，是诉说衷肠的知己。

曹操感叹：“对酒当歌，人生几何？”李白则是：“天子呼来不上船，自称臣是酒中仙。” 杜甫居草堂，吟下“肯与临翁相对饮，隔篱呼取尽余杯”之句。到宋时有苏东坡的“明月几时有，把酒问青天”。辛弃疾有词：“谁共我，醉明月”。李清照的酒，则是“三杯两盏淡酒，怎敌它晚来风急”。他们的酒，寄寓了人生的得失与悲欢，酒成了一种文化，一种情怀，一种境界。

从秦汉至唐宋，之后的元明清，无论是杂剧，还是小令，或话本，又或辞赋，都离不开，这一盏佳酿。一部《红楼梦》，宛若尘封于历史深处的窖酿，翻开书卷，酒的芬芳漫溢而出。在他穷困潦倒时，即便是“举家食粥酒常赊”，酒是餐桌上不可缺少的。一本红楼，许多章节和片段，描写喝酒、宴饮、酒情、酒德、酒仪和醉态等场景，精彩之处，如酌美酒，令人回味无穷。

全书一百二十回，出现酒字，五百八十多次。而描写喝酒的场面，则有六十余处。与酒相关的名目，有二十种，如年节酒、祝寿酒、生日酒、贺喜酒、祭奠酒、待客酒、接风酒、饯行酒、中秋赏月酒、赏花酒、赏雪酒、赏灯酒、赏戏酒、赏舞酒等。整座贾府，浸泡于酒中，无论是王侯公子，还是闺中佳人，皆是交杯换盏，畅饮华年。

第一回，甄士隐邀请贾雨村中秋之夜，吃蟹小酌。皓月当空，飞彩凝辉，二人愈添豪兴，酒到杯干。七八分酒意，贾雨村狂兴不禁，对月寓怀，吟咏诗词。这盏酒，落于寻常百姓人家，聊寄友朋之情。

贾宝玉梦游太虚幻境，饮下了以百花之蕊、万木之汁，加以麟髓

贾宝玉神游太虚境

之酷、凤乳之曲酿成的万艳同杯之仙醪。琼浆满泛玻璃盏，玉液浓斟琥珀杯。清香甘洌，如此佳酿，若非误入仙界，又岂是凡人所能尝饮。

此后，这浓郁的酒香，弥漫了整座贾府，乃至整个金陵城。不仅大老爷们善饮，太太小姐们也会品尝，老祖宗贾母领头聚会饮宴，丫鬟佣仆跟着吃酒。秦可卿房中有一幅宋学士秦太虚写的对联：嫩寒锁梦因春冷，芳气袭人是酒香。袭人的名字，则是从这诗句中得来。

贾府不知举办了多少次大小不一的宴席，他们聚集一处，吃酒闲谈，行令作诗，或风雅，或庸俗，醉里看人生，糊涂又清醒。喝酒次数最多的，当属贾宝玉，他的杯盏，与功名无关，最得闲情逸致。

贾宝玉八九岁之龄，于薛姨妈住处，喝得醉意朦胧。那日，他初识薛宝钗的黄金锁，一场家常夜宴，黛玉也没有缺席。宝玉要喝冷酒，宝钗笑道："宝兄弟，亏你每日家杂学旁收的，难道就不知道酒性最热，若热吃下去，发散的就快，若冷吃下去，便凝结在内，以五脏去暖他，岂不受害？从此还不快不要吃那冷的了。"

宝玉听罢，甚觉有理，便放下冷酒，命人暖来饮之。黛玉还借紫鹃遣雪雁送暖炉之事，奚落了宝玉一番。黛玉一面接了暖炉，抱在怀中，笑道："也亏你倒听他的话。我平日和你说的，全当耳旁风，怎么他说了你就依，比圣旨还快些！"宝钗的规劝，黛玉之醋意，其人物性情，在简单的酒宴中流露出来，灵活生动，意趣盎然。

宝玉生辰，群芳开夜宴。众丫鬟在怡红院里摆满各式果盘糕点，取来美酒纯酿，虽是小宴，却排场浩大。酒席上，他们猜拳行令，抽花签饮酒。曹雪芹借怡红院之夜宴，将红楼女儿的命运，寄之签语上。并命得芳官唱曲助兴，"翠凤翎毛扎帚杈，闲踏天门扫落花……"

这一晚，不管是艳冠群芳，任是无情也动人的薛宝钗，还是风露清愁，莫怨东风当自嗟的林黛玉，或是香梦沉酣，只恐夜深花睡去的史湘云，她们都尽情畅饮。丫鬟戏子饮酒，守夜的婆子也明吃暗偷，直到酒缸已罄，杯盏皆空，方肯睡去。

酒可以打发寂寥的光阴，消磨漫长的岁月，整个家族，似乎没有一个人，彻底清醒过。贾宝玉和薛蟠等诸位公子喝酒，醉意朦胧，游戏人间。贾府里的老爷公子，整日沉湎于美酒佳肴，不去求取功名，守着殷实祖业，以为府邸的深窖里，存储了他们一生饮之不尽的佳酿。就这样无端辜负大好韶光，落得一事无成，余生落魄潦倒。

第三十八回，众人吃螃蟹，林黛玉喝的是合欢酒。合欢酒是用合欢树上开的小白花浸泡白酒而成的一种药酒，具有祛除寒气、安神解郁之功效。黛玉吃了一点螃蟹肉，觉得心口微微地痛，自斟了半盏酒，见是黄酒不肯饮，便说须得热热的吃口烧酒。宝玉便令人将合欢花浸的酒烫了一壶来，黛玉吃了一口，顿觉神清。

这盏佳酿，给潇湘妃子添了诗性，之后她连咏三首菊花诗，一举夺魁。写出“毫端蕴秀临霜写，口齿噙香对月吟”。“孤标傲世偕谁隐，一样花开为底迟？”的佳句。而宝钗也凭借一盏佳酿，写了一首讽螃蟹的好诗。

史太君两宴大观园，金鸳鸯三宣牙牌令。贾母亦喜风流，她素日无论大小事，或兴起时，便开宴摆席，和园内太太姑娘们喝酒闲聊，消遣寂寞。那日刘姥姥也在场，王熙凤为取乐贾母，在宴会上戏弄刘姥姥一番。这刘姥姥虽是乡村老妪，却懂得迎合奉承，趁着醉意，尽情逗乐小姐太太，令人啼笑皆非。

酒是贵族人家日常生活的一种装点，也是文化习俗。行酒令、牙牌令亦见证了古代诗酒文化的鼎盛。曹雪芹对筵席场景，极尽丰富细腻地描写，和他的人生背景当是相关。在他年少时，必定经历过这样一段富贵奢侈的生活，方会有如此旷达之雅兴。

第五十三回，宁国府除夕祭宗词，荣国府元宵开夜宴。这一场盛宴空前绝后，宴席上的美酒佳肴，琳琅满目，应有尽有。如此极尽奢华的排场，终落得散败之下场。“安富尊荣者尽多，运筹谋划者无一”，再殷实富贵的家族，华丽灿烂的人生，皆会被无情光阴，消耗殆尽。如同生老病死，聚散离合，为自然规律，无可逆转。

整座贾府，都被美酒给灌醉了，还有谁是真正的清醒者？沉于酒杯的焦大，他是否似醉犹醒？他总是借着酒意，在府中发牢骚，抖搂掩藏在时光深处的一些丑事旧闻。岂不知，他所知道的，人人皆是心知肚明，只是宁愿醉于杯盏中，不肯醒来。

宁国府除夕祭宗祠

甄士隐当年亦在酒醉中认错知己，他以美酒宴请贾雨村，又赠白银五十两给其赴京赶考，恩深似海。然当贾雨村做官后，明知手下案子，那被拐卖的英莲是甄老爷的小姐，却不设法解救，任其落入虎口。那盏情深意重的酒，令其迷失心性，负了故人。

这个家族，被浸泡于酒中，醉得不省人事。当万物凋零，家业败落，还有谁，能够力挽狂澜，重现当年之盛景。多少人，聚集一处，交换杯盏，用佳酿来喂养残梦浮生。只是酒里看人生，纵是清醒，亦迷醉。

霓裳羽衣，舞一场游园惊梦

声乐从三千年前的《诗经》中款款走来，经风沐雨，带着盛世的清音，也带着历史的兴亡。北国之音端庄雅正，南国之音则华丽旖旎。那些轻歌曼舞，拍按香檀的日子，并不遥远，于山水间，于诗词里，婉转多情，曲折有致。后来，中国戏曲慢慢舍弃了苍凉的北方，选择了明媚的南国，于这里生长闲情，酝酿雅趣。

昆曲之风雅，如兰草般清丽，耐人寻思。直至演变到后来的徽剧、汉剧、京剧、越剧等。皇族官僚，文人雅士的戏曲风气，蔓延至市井民间，成了一种风尚，悠悠千载，为之痴迷欲醉的人不胜枚举。

“玩的是梁园月，饮的是东京酒；赏的是洛阳花，攀的是章台柳。”古人为打发光阴，沉醉于梨园，雅兴不减。许多著名剧本令人百看不厌，回味无穷。看那些伶人舞着水袖，于台上款步轻摇，深情传唱，每一步皆是豆蔻华年，每一声皆为离合悲欢。

“世上有，戏上有；戏上有，世上有。”人间百态千姿，迷离万象，皆编著于戏曲中，便演绎出人生阴晴冷暖的故事。一部《红楼梦》，说的是梦，却也是伴着戏曲而开展情节。贾府是一座偌大的舞台，其间的人物，在戏里扮演各自的角色。或为主角，或是配角，于锣鼓喧天的场景里，将自己长短不一的人生，尽情尽心地演完。

《红楼梦》不仅写戏曲的剧目多，写贾府演戏看戏的场面亦多。书的开篇，便涉及一出戏剧。甄士隐秉性恬淡，不以功名为念，后爱女被拐，家遭火灾，贫病交加随跛脚道士出家。念了一首《好了歌注》，内有“陋室空堂，当年笏满床”，“笏满床”则出自传奇戏曲《满床笏》，是写唐代汾阳王郭子仪的富贵盛况。

甄士隐从《好了歌》中，参悟了人生，知富贵百年亦只是云烟一场。贪名逐利空惹愁烦，芒鞋竹杖才是真的悠然。但人生如戏，必定要演绎完起落沉浮，盛衰成败，聚散悲喜，方懂得失随缘，荣枯有定。

贾宝玉梦游太虚境，警幻为宝玉上演的虽不是戏，却也是曲。此曲不是尘世中的凡曲，每一首曲都暗示红楼女儿的命运，她们的人生，被编排在一首首词曲中。那些如谶语般的词句，待一切都经历过了，才能悟懂其间的精妙与深意。警幻仙子特地为宝玉歌一支亦幻亦真的曲，令红楼更加缥缈空灵，扑朔迷离。

贾府里有专门的戏班，元春省亲时，曾花银钱从姑苏买了十二个小戏子，称红楼十二官。这些戏子，都曾是清白人家的女儿，因贫而沦为戏子。素日里，她们专供府内的老爷太太小姐们享乐。闲时，令她们唱上一曲，怡情寄兴。

第十一回贾敬寿辰演的戏是《还魂》《弹词》《双官诰》。那时秦可卿已经患病，乍看似无深意，但与整部剧情相连，又是否有所隐喻？秦可卿死后，伴宿之夕，亦有两班小戏并耍百戏的与亲朋堂客伴宿。每一出戏的安排，都有其缘由，整部红楼，步步皆是局，只是真正解局的人又有多少？

那一回贾政生日，宁荣二处人丁皆齐集庆贺、看戏，忽报六宫都太监夏老爷来降旨，便忙止了戏文，原是元春被晋封为凤藻宫尚书。之后元春省亲，贾府的专职戏班子上演了《豪宴》《乞巧》《仙缘》《离魂》。这些戏剧，平淡无奇，又迎合了书里的情

宁国府秦可卿开丧

节。每一出戏，都是曹公埋下的伏笔，而戏的内容，暗示了贾府主要人物的命运。

薛宝钗生日，为贾琏所安排，定了一班新出小戏。宝钗为得贾母欢心，刻意点了一出《西游记》。后凤姐亦知贾母喜热闹，更喜谑笑科诨，便点了一出《刘二当衣》。宝钗接着又点了一出《鲁智深醉闹五台山》。

宝玉道："只好点这些戏。"宝钗道："你白听了这几年的戏，哪里知道这出戏的好处，排场又好，辞藻更妙。"辞藻中有一支《寄生草》，听罢令人顿悟。"漫揾英雄泪，相离处士家。谢慈悲剃度在莲台下。没缘法转眼分离乍。赤条条来去无牵挂。哪里讨烟蓑雨笠卷单行？一任俺芒鞋破钵随缘化！"

一出戏，可见宝钗学识渊博，是个有灵性慧根的女子。而宝玉却在词中领悟禅机，归去提笔立占一偈云："你证我证，心证意证。是无有证，斯可云证。无可云证，是立足境。"

天资聪颖的黛玉看后，又道："你那偈末云，无可云证，是立足境，固然好了，只是据我看，还未尽善。我再续两句在后。"因念云："无立足境，是方干净。"黛玉比之宝钗，亦不减聪慧。她之不俗，看似参禅，又何尝不是在参悟人生？

宝玉和诸位姑娘住进大观园后，生出许多如戏剧般凄美婉转的风流故事。宝黛于花树下，共读《西厢记》，桃花纷落，如诗如画，无尽美好。《西厢记》讲述的是，病染相思的张生，在普救寺孤影寒窗，客中羁旅，对莺莺一往情深，两人发生一段缠绵悱恻的爱情故事。

因为凄美动人，宝黛二人看得入痴入迷，他们内心的忧思，刻骨的情肠，与戏中的主人公那般相似。宝玉走后，独留黛玉立于庭院外，静听一段《牡丹亭》的戏文。“原来姹紫嫣红开遍，似这般都付与断井颓垣。良辰美景奈何天，赏心乐事谁家院……”不觉心痛神痴，落下泪来。

那日，黛玉起床，不经意念出《西厢记》里崔莺莺思念张生的词句。“每日家情思睡昏昏。”少女情怀总是诗，黛玉自读罢《西厢记》和《牡丹亭》，对其间的锦词丽句，一直念念不忘。鸳鸯宣牙牌令，黛玉脱口道出“良辰美景奈何天”。又道：“纱窗也没有红娘报。”

后引来宝钗私下询问，为此真心劝解了黛玉一番，一改往昔黛玉对宝钗的看法。宝玉见她们之间似比从前亲近，笑问：“是几时孟光接了梁鸿案？”

那日，黛玉进潇湘馆，见满地竹影参差，苔痕浓淡，不觉又想起《西厢记》中所云“幽僻处可有人行，点苍苔白露泠泠”。因暗暗叹道：“双文，双文，诚为命薄人矣。然你虽命薄，尚有孀母弱弟，今日林黛玉之命薄，一并连孀母弱弟俱无。古人云‘佳人命薄’，然我又非佳人，何命薄胜于双文哉！”

第二十八回宝玉赴冯紫英家酒席，同席有唱小旦的蒋玉菡，还有许多唱曲儿的小厮。世人都道戏子卑微无情，可宝玉却视蒋玉菡为知己，与其交换汗巾，推心置腹。第二十九回贾府打醮时，神前拈了戏，演的是暗示贾府由兴盛至败落的《白蛇记》《满床笏》和《南柯梦》。似在提醒看客，富贵荣华只作过眼云烟，醒来原是南柯一梦。

第五十三回元宵佳节，贾母在大花厅上命人摆几席酒，定一班小戏，挂满各色佳灯，带领荣宁二府各子侄孙男孙媳等家宴。唱《西楼·楼会》这出戏，内容亦是讲述悲欢离合的故事。曹公安排所有的戏，都不是寻常的赋闲消遣，皆有隐喻，或喜或悲，或聚或散，只作人世必经之路。

除了吉庆日里，听戏看戏，到最后贾府败落，悲事迭出，仍离不开戏剧。整部《红楼梦》被戏曲贯穿了全文，读罢之后，只觉人生如一场戏梦，似真亦假。你明明在戏外，只是一个平凡的看客，却几次三番，情不自禁走进戏里，和戏中人，一起演绎悲欢，过尽爱恨。

他们在贾府这座大戏台，演出一场又一场世态炎凉的戏剧。从第一回，甄家的小荣枯，延伸至贾府的鼎盛至败落。戏的结局，贾宝玉的贴身丫鬟袭人，嫁给了戏子蒋玉菡，这一切，皆是曹公所安排。戏子真的无情么？蒋玉菡念着与宝玉的过去，对待袭人的情义，让那些王侯公子，成了薄情负心之人。

《红楼梦》原本是一场梦，戏如梦幻，来时如露，去时如电。《邯郸记》《南柯记》里的一切，皆在梦里发生，多少繁华，终要散场。红楼中，戏曲最多的场合为生辰之时。一个人自出生，便是人间的一个角色，带着各自的使命，于红尘游戏一场，待戏落幕时，决绝离去，不再回首。

戏班子散了，红楼十二官走了，这一切，预示了整个家族上演的戏剧，彻底结束。镜里恩情，梦中功名，却不知大厦一朝倾。无论是戏子，还是看客，都只是在戏里，过了一生，散场是必然。

人生只是，一场聚散无由的盛宴

人说，读一部《红楼梦》，可知人生百味，晓千般世情，解红尘万象。其精彩处，不仅是诸多人物性格细致传神的描写，亦不仅是曲折跌宕的故事情节，更有那令人痴迷，深邃的文化底蕴。红楼就是一场盛筵，其间最为丰富，耐人寻味的，当属饮食。

曹雪芹用他细腻精妙之笔，给我们描绘了明清时代贵族府邸的豪华菜肴，以及许多精美的江南小吃。他将这些饮食文化，巧妙地穿插于情节中，添了故事的深意。亦对刻画人物形象，起到相辅的作用，更给作品带来文学情趣。

整部红楼，曹公用大量篇幅描述了贾府众人精彩的饮食。生日宴、节庆宴、省亲宴、灯谜宴、螃蟹宴、合欢宴等大小宴会。食物更是琳琅满目，主食、点心、菜肴、果品、补品等数百种，品目繁多，精美绝伦。

素日里家常粥饭，都有十余种。如碧粳粥、燕窝粥、江米粥、鸭粥、枣粥、腊八粥、绿畦香稻粳米饭、白粳米饭等。等级不同的人，所食用的粥饭，亦是不同。自古以来，饮食文化皆分等级制度，人有贵贱之分，物亦如是。

各式点心糖糕，应有尽有。奶油松酿卷、桂花糖新蒸栗粉糕、酥藕粉桂糖、糕鸡油卷儿、豆腐皮包子等。鸡髓笋、烤鹿肉、红烧獐子肉、火腿炖肘子、火腿鲜笋汤、炸鹌鹑、糟鹌鹑、螃蟹、燕窝、鸽子蛋等名贵菜肴也让人应接不暇。《红楼梦》里的饮食可谓包罗万象，掺入故事情节来读，令人回味无穷。

印象深刻的为刘姥姥进荣国府，招待她的馔品中，有一款菜名为“茄鲞”。刘姥姥细嚼半日，笑说：“虽有一点茄子香，只是还不像是茄子。告诉我是个什么法子弄的，我也弄着吃去。”

凤姐笑答：“这也不难。你把才下来的茄子，把皮刨了，只要净肉，切成碎丁子，用鸡油炸了。再用鸡肉脯子合香菌、新笋、蘑菇、五香豆腐干子、各色干果子，都切成丁儿，拿鸡汤煨干了，拿香油一收，外加糟油一拌，盛在瓷罐子里封严了。要吃的时候儿，拿出来用炒的鸡瓜子一拌，就是了。”

如此繁多的程序，复杂的素材，凤姐却漫不经心地说了句不难。刘姥姥摇头道：“我的佛祖！倒得十来只鸡来配他，怪道这个味儿！”这道茄鲞乃贵族之家日常食用的普通菜肴，像刘姥姥这样素日只食粗茶淡饭的平民百姓，自是一辈子都享用不到。一道茄鲞，并非曹公凭空杜撰，一切皆有依据。可见清朝贵族饮食文化之丰富，亦见证了贾府奢华无度的生活。

刘姥姥信口开河

史太君两宴大观园。王熙凤为讨贾母欢心，有意让刘姥姥闹出一些笑话取乐众人。拣一碗鸽子蛋放到她面前，刘姥姥虽为乡间凡妇，却十分识趣，有意卖傻，博小姐太太们一笑。于是高叫：“老刘，老刘，食量大如牛，吃一个老母猪不抬头！”众人先是发怔，后来一听，上上下下都哈哈大笑起来。

刘姥姥拿起箸来，只觉不听使唤，又说道：“这里的鸡儿也俊，下的这蛋也小巧，怪俊的。”王熙凤笑着告诉她：“一两银子一个呢！快尝尝吧，冷了就不好吃了。”刘姥姥好容易撮起一个来，才伸着脖子要吃，偏又滑下来滚在地下。忙叹道：“一两银子，也没听见响声儿就没了。”一番笑闹，给宴席添了趣味，背后亦隐藏了辛辣的讥讽之意。

不仅讽刺了贾府奢华挥霍的生活，与平民之间天壤之别的对比，亦写出了贵族之家食馔的真实境况。他们将饮食，当作一种享乐，一种与生活紧密相关的文化和情趣。于人物形象上，也更加丰盈，王熙凤虽刻意摆弄，刘姥姥亦懂得曲意逢迎。

《红楼梦》的饮食有着严格的等级制度，贾府几百人皆由后厨管饭，且都是按照个人等级所分。贾母为贾府等级最高的统治者，自小生于公侯之家，一生尽享富贵尊荣。打理厨房的柳嫂子说："大厨房里预备老太太的饭，把天下所有的菜蔬用水牌写了，天天转着吃，吃到一个月现算倒好。"她爱吃糟鹌鹑腿，爱吃野鸡，还喜欢吃甜烂之物。

贾母日常主食是红稻米粥，书中曾写过，那日贾珍的妻子尤氏服侍贾母用膳，贾母饭毕，尤氏这才上桌吃饭。那一日，探春、宝琴也在贾母处用膳，贾母吃的红米饭没了，之后丫头给尤氏装了碗下人吃的白粳米饭。这时贾母便说道："你怎么昏了，盛这个饭来给你奶奶。"话中可见，贾府里奶奶和丫头吃的饭，自是不同，且不能随意混淆，要尊卑有序。

在贾府，王熙凤吃的是桌上碗盘森列，满满的鱼肉在内。而她的陪嫁丫头平儿每顿只有四样分例菜。平儿为一等丫鬟，也是王熙凤的得力助手，又是贾琏房里的人，却也没有与王熙凤一同用膳的资格。就算王熙凤允许她一起用餐，平儿亦不敢和主子平坐。贾府中的饮食等级制度，一直都是主仆有分。

贾宝玉所处的怡红院，规矩不甚严格。宝玉多次和丫头们混在一起吃饭，不分早晚，也不分主仆。芳官因为肚子饿先叫了饭，厨房柳家送来个食盒，里面"有一碗虾丸鸡皮汤，又一碗酒酿清蒸鸭子，一碟腌的胭脂鹅脯，还有一碟四个奶油松瓤卷酥，并一大碗热腾腾碧荧荧蒸的绿畦香稻粳米饭"。

可芳官见这些菜却嫌油腻，“只将汤泡饭吃了一碗，拣了两块腌鹅就不吃了”。而“宝玉闻着，倒觉比往常之味有胜些似的，遂吃了一个卷酥，又命小燕也拨了半碗饭，泡汤一吃，十分香甜可口”。

芳官不过是被安排在怡红院的小戏子，吃食这些美味佳肴却十分挑剔，可见素日怡红院的丫鬟和宝玉，经常一起用膳。宝玉素日待人极好，平易近人，不喜等级约束，无有尊卑贵贱之分。若非管家婆子约束，他们在一起打闹，同桌同食，同玩同睡，亦属寻常。

有一回“白玉钏亲尝莲叶羹，黄金莺巧结梅花络”。宝玉因对死去的金钏儿有愧，为讨她妹妹玉钏儿开心，哄骗她吃莲叶汤。一碗莲叶汤非同寻常，乃元妃省亲时的备膳，制作工序十分繁复，因宝玉要吃，也只做了十碗。但于宝玉来说，千金为博佳人一笑，一碗莲叶汤，微不足道。亦可见，怡红院的公子丫鬟，平日里相处自然融洽，无有拘谨。

书中通过许多饮食描写，揭示出贾府里的人情冷暖，兴衰成毁。第七十五回“开夜宴异兆发悲音，赏中秋新词得佳讖”中，写着贾母快吃完时，将自己吃的红稻米粥给她喜欢的王熙凤送去，又将贾政送的鸡髓笋和自己的一盘分例菜风腌果子狸，赐给她钟爱的宝玉和黛玉，最后还将自己分例菜中的一碗肉给曾孙子贾兰。几道菜肴，可知贾母心中之人，谁亲谁疏。

林黛玉一直深受贾母恩宠，除了宝玉，贾母对黛玉的爱，远超过

白玉钏亲尝莲叶羹　黄金莺巧结梅花络

贾府的三位姑娘。送菜时她说了这么一句话：“这一碗笋和这一盘风腌果子狸给颦儿宝玉两个吃去”。不仅是黛玉日常的饮食、穿戴，以及她服用的名贵药材，皆是贾母悉心安排，从不吝啬。贾母每月还私下命人送银钱去给潇湘馆。

《红楼梦》里还有一段，因饮食而引起仆人之间的矛盾。一日，迎春的丫头司棋很想吃一碗炖得嫩嫩的鸡蛋，便打发小丫头莲花去吩咐厨房柳家。可柳家却欺负迎春是个没脾气的老实主子，推三阻四不肯做。

莲花便指责柳家，“前儿小燕来，说‘晴雯姐姐要吃芦蒿’，你怎么忙的还问肉炒鸡炒？小燕说‘荤的因不好才另叫你炒个面筋的，少搁油才好。’你忙的倒说自己发昏，赶着洗手炒了，狗颠儿似的亲捧了去……”

琉璃世界白雪红梅　脂粉香娃割腥啖膻

小小后厨，亦随了主子的尊卑，而生分别心。主子不受宠，主子软弱，他们的丫鬟，亦会随着不被重视。反之，主子地位高，受宠，无论是大小仆人，皆对其拥戴庇护，不敢存丝毫的怠慢之心。

饮食和人物性情，乃至诗词，在《红楼梦》中皆有关联。“琉璃世界白雪红梅，脂粉香娃割腥啖膻”。史湘云吃鹿肉这一段，可谓妙趣横生。那日，众人聚集芦雪庵，围炉作诗。而湘云和宝玉听得有新鲜鹿肉，便闹着要取来又玩又吃。黛玉道：“他两个再到不了一处，若到一处，生出多少故事来，这会子一定算计那块鹿肉去了。“

李婶走来看热闹，因问李纨道：“怎么一个带玉的哥儿和那一个挂金麒麟的姐儿，那样干净清秀，又不少吃的，他两个在那里商议着要吃生肉呢，说的有来有去的。我只不信肉也生吃得的。”

湘云和宝玉亲自动手割肉烤着吃，肉香四溢，引来了众位姑娘品尝。湘云一面吃，一面道："我吃这个方爱吃酒，吃了酒才有诗。若不是这鹿肉，今儿断不能作诗。"黛玉笑着说道："哪里找这一群花子去！罢了，罢了，今日芦雪庵遭劫，生生被云丫头作践了。我为芦雪庵一大哭！"

黛玉性洁，况她身子弱，素日饮食皆以清淡为主。她诗性气质，淡雅之风，一直以来只对美好事物珍爱，她扫花葬花，高雅脱俗。而湘云却豪爽旷达，不拘小节。更道："你知道什么！'是真名士自风流'，你们都是假清高，最可厌的。我们这会子腥膻大吃大嚼，回来却是锦心绣口。"短短几句话，果真是大快人心，令人赞叹。曹公借史湘云这个人物，将故作清高的穷酸文人，淋漓尽致地批判了一番。

到后来，他们金秋赏桂，史湘云做东，吃螃蟹，便有了林潇湘魁夺菊花诗，薛蘅芜讽和螃蟹咏。贵族家庭的日常饮宴，也带着闲情和诗意。他们在景致怡然的庭园，吃酒吟咏，临阁赏秋，寄兴风月，雅趣天然，令人羡往。

贾府的这餐螃蟹宴，足足花了二十多两银子。后来刘姥姥感叹说："阿弥陀佛！这一顿的钱够我们庄稼人过一年了。"这一顿对贾府来说，不算奢侈，甚至节俭，却足以让庄稼人过上一年。真可谓"富家一席酒，穷人半年粮"。

书中还有多处精细微妙的饮食描写，皆有寄寓。薛宝钗让林黛玉吃燕窝。"每日早起，拿上等燕窝一两，冰糖五钱，用银吊子熬出粥来，要吃惯了，比药还强，最是滋阴补气的。”薛姨妈留宝玉用饭，除了吃糟鹅掌、鸭信等南方风味的菜肴，还有酸笋鸡皮汤。宝玉留给晴雯的豆腐皮包子，以及许多或详细，或粗略的饮食片段，供人回味。

一部红楼，似人间百宴，趣味横生。无论是老爷公子在一起喝酒行乐，还是太太小姐聚一处品菜赏景，皆刻画得细腻传神。这些精美繁复的食物，尽现社会各阶层的饮食生活境况，亦可通过贾府的诸多盛宴，看到当时上层社会的奢侈风气。清代的饮食习俗和文化，江南江北的名点小吃，于红楼中随处可寻。

红楼是一场盛宴，但这场华美的盛宴，未经几载春风，便匆匆散场。他们平日的挥霍奢侈，提前消耗预支了明天。席散人走，谁来为过去买单？那时，又还有多少繁华，可以拿出来典当？

护官符中说“贾不贾，白玉为堂金作马。阿房宫，三百里，住不下金陵一个史。东海缺少白玉床，龙王来请金陵王。丰年好大雪，珍珠如土金如铁。”

过往种种，恰如烟云。而今是，旧时王谢堂前燕，飞入寻常百姓家。

放下执念，彼岸莲花次第开

禅心如水，不与人言，却深入人心。这场人世修行，缘起于禅佛，又落于凡尘，和众生相亲。佛教本是外来宗教文化，其精深的佛理，玄妙的禅机和离尘的清苦修行生活，感染了许多失意者，灵山胜境，成了他们人生最后的归宿。

参佛悟禅的人生恰如莲花，根植于泥淖，花出于清水。佛教已是一种不可缺少的文化和风景，以般若神韵，融于世间。自古以来，多少名著诗文，皆流露出人生无常，世事如梦的空灵玄幻思想。佛云，万物有情，一切皆空。

《红楼梦》一书，由梦开始，以梦而终。似乎书中一切故事，千般情景，或华美喧腾，或凋落衰败，皆在梦里发生。整部红楼，有一种人生如梦，诸法性空之意味。世人来凡尘走一遭，历悲欢离合，经阴晴冷暖，再匆匆离去。

荣、宁二府为钟鸣鼎食之家，有享之不尽的荣华富贵，也摆脱不了灰飞烟灭的厄运。宝黛情深意长，但求一生白首，最后也落得生离死别的下场。还有大观园里的诸多女子，皆躲不过颠沛流离，花落人散的悲凉命运。

一部红楼，可以悟出佛家万事皆空的禅理。曹公亦是通过写《红楼梦》，而了却一段挂碍，扫除一抹尘心。他听从因果，相信宿命。他道："谁解其中味"？自是了空者解，遁世者解。其间又是何味？当为般若味，世事皆空味。

书之缘起，浓墨重彩描写了一僧一道。他们生得骨骼不凡，丰神迥异，说说笑笑来到大荒山无稽崖青埂峰下，坐于当年女娲氏补天时弃下的一块大石边高谈阔论。说到红尘中荣华富贵之事，打动那块灵性已通的石头凡心，口吐人言，一再要求僧道携入人世享受享受。

于是一僧便念咒书符，大展幻术，将那大石顿时变成一块鲜明莹洁的美玉，且又缩成扇坠大小的可佩可拿，袖了此石，同那道人飘然而去，竟不知投奔何方何舍。此石为贾宝玉衔玉而生的那块"通灵宝玉"。不知经历几劫几世，有个空空道人访道求仙，从顽石旁经过，抄录下这段故事。此后，这两位僧道在书中数次出现，以示因果。

黛玉初进贾府，曾与众人道："我自来是如此，从会吃饮食时便吃药，到今日未断，请了多少名医修方配药，皆不见效。那一年我三岁时，听得说来了一个癞头和尚，说要化我去出家，我父母固是不从。他又说：'既舍不得他，只他的病一生也不能好的了。若要好时，除非从此以后总不许见哭声；除了父母之外，凡有外姓亲友之人，一概不见，方可平安了此一世。’”癞头和尚的无稽之谈，黛玉父母当时也不理会，草草作罢。

甄士隐家破人亡，暮年贫病交迫，光景难熬。一日街上闲走，遇一跛足疯道人，满口念《好了歌》。“世人都晓神仙好，惟有功名忘不了！古今将相在何方？荒冢一堆草没了……”听罢之后，顿觉红尘再无可眷恋之人事，从此只与烟霞做伴，云水为欢。

一曲《好了歌》，耐人寻味，世间名利，恩情皆是虚空。佛云：“人生有八苦，生、老、病、死、爱别离、怨长久、求不得、放不下。”若放下一切执念，不沉迷于物像，不执着于生死，便无得失荣辱，无清贫富贵。若知，世间万物犹如梦幻般短暂虚空，放下不能放下的，舍弃应该舍弃的，便可脱离尘世种种苦难。

甄士隐梦幻识通灵

一曲《好了歌》，便知曹公之悟性。他劝说那些走失迷途的众生，抛弃虚名浮利，参禅悟道，超然于物外，不迷于情，不乱于心。与其痴迷于纷繁的人间，莫如看破红尘，遁入空门，了却人世万般悲苦。

文中的主人公贾宝玉，生于公侯之家，尽享世间一切功贵荣华，却也为此付出代价。他带着使命而来，有不凡之出身，安享一切尊荣，却也受尽万般束缚。书中叙述尚在孩提之时的宝玉，说“他天性所禀，一片愚拙偏僻，视姊妹兄弟皆如一体，并无亲疏远近之别。”

佛说众生平等，万法归一。世间万物有情，山河大地一切平等。而贾宝玉作为王侯公子，锦衣华服，配金戴玉，却毫无盛气凌人之势。他不依权势压人，与众人和睦相处，自尊自爱，不生事端，清净和平。对园内的姐妹更是关怀备至，为湘云盖被，对黛玉极尽温存。

宝玉与丫鬟之间无主仆之分，他敬重袭人，为麝月篦头，给晴雯画眉。晴雯病了，几番请大夫，亲自查验调整处方，为之熬药服侍。宝玉待人亲近平等，其自身却有一颗出尘离世的心。他恨自己生在这侯门公府之家，将肉身视为污浊。然那昌明隆盛之邦，诗礼簪缨之族，花柳繁华之地，温柔富贵之乡，的确掩藏了太多的肮脏与丑陋。

第二十二回，宝钗生日点了一出《鲁智深醉闹五台山》。其间有一首《寄生草》，辞藻极妙，令宝玉听罢第一次开悟。“漫揾英雄泪，相离处士家。谢慈悲剃度在莲台下。没缘法转眼分离乍。赤条条来去无牵挂。哪里讨烟蓑雨笠卷单行？一任俺芒鞋破钵随缘化！”

归去之后，便提笔立占一偈云：“你证我证，心证意证。是无有证，斯可云证。无可云证，是立足境。”之后又填了一首《寄生草·解偈》：“无我原非你，从他不解伊。肆行无碍凭来去。茫茫着甚悲愁喜？纷纷说甚亲疏密。从前碌碌却因何，到如今，回头试想真无趣！”

黛玉对宝玉说：“你道‘无可云证，是立足境’，固然好了，只是据我看来，还未尽善。我还续两句云：‘无立足境，方是干净。’”宝钗当即念了一首六祖惠能的佛诗，他们从道学谈到了佛学，可谓悟透禅机，而非泛泛空谈。黛玉和宝钗，这两位极具性灵的女子，让我们感悟到超凡的佛理。曹公亦借此为日后宝玉脱离尘俗、了悟禅法做了铺垫。

若说《寄生草》让宝玉参悟佛理，之后黛玉葬花，则让宝玉生出一段莫名的感慨。“试想林黛玉的花颜月貌，将来亦到无可寻觅之时，宁不心碎肠断！既黛玉终归无可寻觅之时，推之于他人，如宝钗，香菱，袭人等，亦可到无可寻觅之时矣。宝钗等终归无可寻觅之时，则自己又安在哉？且自身尚不知何在何往，则斯处，斯园，斯花，斯柳，又不知当属谁姓矣！——因此一而二，二而三，反复推求了去，真不知此时此际欲为何等蠢物，杳无所知，逃大造，出尘网，使可解释这段悲伤。”

人世千灾百劫，谁能左右？山河沧桑变迁，何以摆脱？一切皆缥缈无常，人在六道轮回中，生死不定，去向不明，幻灭无边。宝玉对仕宦之道、安邦济世之学不仅痛恨有加，且天生便生了一颗厌恶叛逆的心。

都道世事无定，荣枯随缘，佛家所言的无常，于《红楼梦》中，随处可寻见它的影子。第三十一回写道：那黛玉天性喜散不喜聚。她说："人有聚就有散，聚时喜欢，到散时岂不清冷？既清冷则生感伤，所以不如倒是不聚的好。比如那花儿开的时候儿叫人爱，到谢的时候儿便增了许多惆怅，所以倒是不开的好。"

故此，人以为欢喜时，她反以为悲恸。那宝玉的性情只愿人常聚不散，花常开不谢；及筵散花谢，虽有万种悲伤，也就没奈何了。因此今日之筵，大家无兴散了，黛玉还不觉怎么着，倒是宝玉心中闷闷不乐，回至房中，长吁短叹。

黛玉之心思，表达了无常苦多之理，借宝玉之情多，来衬托黛玉的出离之心。黛玉集江南女子的钟灵毓秀，悟性超绝，凡人难及。但宝玉又是否真无有黛玉这般彻底醒悟呢？宝玉对染了尘浊的物事皆生厌烦，素日里他爱砸东西，尤其是那块玉，他道那是个劳什子的东西，砸过好几回了。还有晴雯撕扇子，宝玉认为千金难买佳人一笑，甚觉痛快。

但这些都无法令他挣脱纷扰的世俗，反而越陷越深。一切烦恼，皆因情起，若他放得下情爱，人世间便再无可牵念之事。待诸芳散尽，黛玉死后，他唯有飘然远去，与佛结缘，方对人生有了交

大观园符水驱妖孽

代，亦对岁月有所成全。

大观园里还居住了一位纤尘不染的女子，便是栊翠庵的妙玉。妙玉本是苏州人氏，祖上亦为读书仕宦之家。自小体弱多病，买了许多替身皆不中用，到底入了空门，于玄墓蟠香寺出家，方才好了，故带发修行。

妙玉是一块无瑕美玉，在贾府修行，不与人亲近。但她亦有心魔了，有情根未断，她的情，为宝玉而动。她将平日自己用的杯盏，给宝玉吃茶，毫不避嫌。宝玉的生辰，她写拜帖送去，自称槛外人。栊翠庵的红梅，别人皆与之无缘，唯宝玉可以乞得。妙玉心平气和与惜春下棋，见着宝玉，便面红心动，回去打坐更是心神恍惚。

妙玉对宝玉的种种，皆可见，她身在栊翠庵修行参禅，却心系世俗，为情所碍。这样一个女子，才情非凡，为人孤僻，不合时宜。惜春曾说，妙玉虽然洁净，毕竟尘缘未断。一块美玉，终落泥淖，到底是，风尘肮脏违心愿，王孙公子叹无缘。

“勘破三春景不长，缁衣顿改昔年妆。可怜绣户侯门女，独卧青灯古佛旁。”说的是贾府姐妹中，年纪最小的惜春。她自小无父母怜爱，性情孤僻冷漠，素日不与人交往，常与修行人妙玉下棋，沾染一点禅心。

大观园里的温暖，似乎与她无关，她对人对事，皆是冷心无情。抄检大观园时，她狠心撵走毫无过错的丫鬟入画，对众人流泪哀伤无动于衷。当她目睹众姐妹的凄凉遭遇，见证四大家族的败落，便生出弃世之心，决然铰断青丝，出家为尼。对尘世的一切，无有半分牵挂，对亲人，更无一丝眷恋。

柳湘莲是个江湖艺人，行踪不定，却也是个侠义之士。他性情豪爽，赌博吃酒，以至眠花宿柳，吹笛弹筝，无所不为。他生得又美，擅演生旦风月戏文，与宝玉也算是红尘知交。他曾经痛打过行为荒唐的呆霸王薛蟠，却又在异乡为薛蟠赶走劫匪，拔刀相助。

他本与僧道无缘，但因做了一件后悔莫及的不义之事，了然顿悟。柳湘莲以传家之宝鸳鸯剑为信物同尤三姐定下婚事，后又误以为尤三姐为不洁之人，要反悔退亲，索回定礼。却不知，尤三姐为贞洁烈性女子，在退还鸳鸯剑时，自刎而亡。

柳湘莲悔不当初，深受感动，但已然回不了头。遂取剑将万千烦恼丝一挥而尽，一袭青衫，随跛脚道士出家去了。寂寂云海，悠悠山径，两个背影，飘然远去，消失在苍茫尘世。

《红楼梦》的诗词寄语中，皆闻禅音，见佛理。“一个是阆苑仙葩，一个是美玉无瑕。一个是水中月，一个是镜中花。”就连宝黛这段缠绵悱恻的爱情，亦只是水中月，镜中花，虚无缥缈，真而幻灭。他似乎在提醒执迷于浮名和情爱的世人，万般执念，终有一日，都将放下。唯放下，才能超脱。

“为官的，家业凋零；富贵的，金银散尽；有恩的，死里逃生；看破的，遁入空门；痴迷的，枉送了性命。好似食尽鸟投林，落了片白茫茫大地真干净！”世间诸法无常，看淡一切，回归自然，方是彻悟，方为干净。

“假作真时真亦假，无为有处有还无”。真亦假，有还无，贪嗔痴怨，皆为佛家所说的虚幻空无。秦可卿死之前，托梦给王熙凤，并引用“月满则亏，水满则溢”“登高必跌重”的道家之言，告诫凤姐要为树倒猢狲散的结局做好退路，懂得否极泰来，荣辱自古周而复始的道理，莫忘盛筵必散之俗语。最后，向凤姐说了“三春去后诸芳尽，各自须寻各自门”这一偈言，将凤姐惊醒。

百花争妍之时，便是诸芳散尽之日。佛让世人不可有执念，万般起落皆有定数，聚散离合，半点不由人。曹雪芹有着浓郁的宗教情怀，只因他的一生，亦曾经历了一场梦幻的变迁。由“当年笏满床”的贵族公子，沦落为“举家食粥酒常赊”的落魄百姓。

一切皆空，终归于无。在那栽种莲花的庄严妙境，没有人世烦恼，亦无名利交织，唯闻空灵的梵音。那清静无尘的禅院，莲台明镜，不知感染了多少迷惘者的心灵。有一日，我们都要殊途同归，只是早晚而已。那时，放下万般执念，与连天的荒草，做清淡如水的知己。

“说什么脂正浓、粉正香，如何两鬓又成霜？乱哄哄你方唱罢我登场，反认他乡是故乡。甚荒唐，到头来都是为他人作嫁衣裳。”

半掩重门，借得梅花一缕魂

在遥远的春秋时代，有一部诗集，叫《诗经》。之后许多年，都有人不断地吟唱："关关雎鸠，在河之洲。窈窕淑女，君子好逑。"它像初夏雨后一缕明净的风，惊艳于岁月，温柔了时光。

后来有了楚辞，有了"惟草木之零落兮，恐美人之迟暮"的美好。再后来，便是盛唐的诗，大宋的词。世间阴晴圆缺的故事，冷暖交织的悲喜，皆落其间。朝廷宫殿，闾巷草野，乃至庙宇楼阁，都离不开那一剪或华丽灿烂，或明净清澈，或感伤婉转的诗风词韵。

读红楼，宛若读一册花间集，写的是词，说的又是诗。但凡史事古迹、人情物意、山水花鸟，都写入其中，有苍凉悲壮、深沉低郁，也有哀婉含蓄、悱恻缠绵。仿佛所有诗词，都有缘起，亦有缘尽。多少词句，风流婉转；多少妙处，难与君言。

开篇便道："满纸荒唐言，一把辛酸泪。都言作者痴，谁解其中味？”一本红楼，写尽人生百态，世间万象，每个人都是一首诗，每座轩落都是一阕词，每一场情节都是一出折子戏。

四季流转，岁序无言，那么多华丽的铺陈，巧妙的构思，一庭一景，一人一物，一石一草，都是其精心安排。他把故事写成了诗，把日子亦过成诗，连悲喜都有韵脚。春夏是平，秋冬为仄，偌大的篇章，像一场盛世繁闹的筵席，可他却说，只是游戏笔墨，陶情适性。

也是，多少诗人词客，将一生起伏不定的命运，缥缈难捉的尘缘，托寄给简约的文字。其间不乏帝王将相，英雄过客，以及村夫凡妇，或壮美山河，或硝烟战场，或乡野柴门，都付与诗文辞章。

红楼诗词最精彩处，当为贾宝玉梦游太虚幻境。那日，宝玉在秦可卿住处恍惚睡去，悠悠荡荡去了那么一处仙境。“朱栏白石，绿树清溪，真是人迹希逢，飞尘不到。”之后，遇警幻仙子，有缘得见金陵十二钗正副册，也算是提前知晓天机。

几十位花容月貌的女子，各有判词。简洁的诗词，道尽了诸多女子一生的命运，预示了她们的结局。说是薄命册，实则就是命簿。每个女子，皆有一首寄寓命运之诗，或悲或喜，或贵或贫，早已编排。

后又听闻十二女子，轻敲檀板，款按银筝，唱《红楼梦》十二支曲。“开辟鸿蒙，谁为情种？都只为风月情浓。趁着这奈何天，伤怀日，寂寥时，试遣愚衷。因此上，演出这怀金悼玉的《红楼梦》。”

大观园里的女子，个个能诗会词，皆是才女佳人。自元春省亲后，下旨众姐妹入住园中，各个轩落庭院，各有其主。贾府里的四位小姐，皆有专长，对应琴棋书画。而宝钗和黛玉，又是大观园，最绝代亮丽的风景。

黛玉之潇湘馆与怡红院遥遥相对，一如她与宝玉的情感。“忽抬头看见前面一带粉垣，里面数楹修舍，有千百竿翠竹遮映。”林黛玉在此伴着修竹、诗词、病痛、寂寞和眼泪，度过了其简短却凄美的一生。她是大观园中的出尘女子，有着诗样的气质与情怀，与诗做了一世的知己。

大观园有一位香草美人，便是佩戴黄金锁的薛宝钗，居住蘅芜苑。她不仅艳冠群芳，更才华超绝，却若香草一般从容淡然。她之居所为：“只见许多异草:或有牵藤的，或有引蔓的，或垂山巅，或穿石隙，甚至垂檐绕柱，萦砌盘阶，或如翠带飘飘，或实若丹砂，或花如金桂，味芬气馥，非花香之可比。”

大观园还有一位才貌双全的绝代女子，她于清幽雅致的栊翠庵修行，世人只知她参禅，知她是茶圣，不知她还会作诗。那回中秋夜宴，湘云和黛玉离席去往凹晶馆，即景联诗，妙玉偶然经过，邀请二人去栊翠庵喝茶，兴起续诗。黛玉湘云读完赞赏不已，说：“可见我们天天是舍近而求远。现有这样诗仙在此，却天天去纸上谈兵。”

元春省亲，大观园众姐妹初展才华。贾妃命姐妹各题一匾一诗，随才之长短。众人吟咏一番，元春看毕，笑道：“终是薛林二妹之作与众不同，非愚姊妹可及。”那夜，林黛玉本安心大展奇才，压倒众人，奈何限题，不好违谕多作，虽一首五律应景，却已是出类拔萃。

之后黛玉春日葬花，咏一首古体诗《葬花吟》。多愁善感的林黛玉，以花喻人，将落花之命运和人相连。为落花缝锦囊，为落花寻香冢，拾花葬花，为之哭泣，为之作诗。“未若锦囊收艳骨，一抔净土掩风流！质本洁来还洁去，强于污淖陷渠沟。”凄清而忧伤的曲调，冷落而惨淡的画面，令人悲伤不已。

直至后来黛玉吟咏的《桃花行》《秋窗风雨夕》，与《葬花吟》有异曲同工之妙。曹雪芹塑造了一个冰雪聪明，绝世无双的才女。她有着病如西子的柔弱病态之美，更有着清雅绝尘的诗性之美。她姿容绝代，袅娜风流，最美的当是那浓得化不开的书卷味。

她的潇湘馆有修竹曲栏，比别处幽静，更藏书数卷，笔墨纸砚皆是极品。当年刘姥姥游大观园，去往潇湘馆，误以为是公子书房。而林黛玉每日对着几竿湘妃竹，手捧古卷，吟着平平仄仄的诗句。她的诗号又为潇湘妃子，一如她高贵脱俗，风姿绰约的气质。

那年探春兴起建诗社，众人皆是雅趣深浓。黛玉道：“既然定要起诗社，咱们都是诗翁了，先把这些姐妹叔嫂的字样改了才不俗。”那之后，各自便有了诗号，比之寻常，更觉清雅别致。

后以白海棠为题，各自吟咏，故社名为海棠。灵秀风流的黛玉吟出“偷来梨蕊三分白，借得梅花一缕魂”之天然妙句。而薛宝钗“淡极始知花更艳，愁多焉得玉无痕”亦是淡而有味。怪不得李纨称道：“若论风流别致，自是这首，若论含蓄浑厚，终让蘅稿。”

而后，林黛玉魁夺菊花诗，成为《红楼梦》诗词经典。李纨道：“今日公评，《咏菊》第一，《问菊》第二，《菊梦》第三，题目新，诗也新，立意更新，恼不得要推潇湘妃子为魁了。”林黛玉的才情，一直被众人推崇，她将无言心事，付诸诗句辞章，落笔成行，韵味无穷。

直至后来，无数次大小宴席上，行令吟诗，各具风流。那日黛玉吟罢《桃花诗》，得众姐妹赞赏，将海棠社改名桃花社。时值暮春，湘云无聊，见柳花飘舞，便偶成小令，调寄《如梦令》。众

宴海棠贾母赏花妖

人便以柳絮为题，限各色小令，宝钗之《临江仙》，黛玉之《唐多令》，又是词之上品。

宝钗吟出“万缕千丝终不改，任他随聚随分。韶华休笑本无根，好风凭借力，送我上青云”之绝唱。众人拍案叫绝，推崇为尊。而黛玉咏出“草木也知愁，韶华竟白头！叹今生谁舍谁收？嫁与东风春不管，凭尔去，忍淹留”之作，悲戚缠绵处，令人叹息。

大观园里还来了四位超凡女子，晴雯道：“大太太的一个侄女儿，宝姑娘一个妹妹，大奶奶两个妹妹，到像一把子四根水葱儿。”宝琴之才，可与钗黛湘相比，宝琴之貌，在宝钗之上。她所作十首怀古诗，不知吸引多少看客。而曾与妙玉为邻的岫烟，有着几分内敛与清高的气质，李纹、李绮则存几许超脱与淡然。

诗词可寄情言志，将山水草木之灵，离合悲喜之心，融于文字。可豪气慷慨、可婉转细腻、可明净旷达，也可苍凉沉郁、飘逸出尘。唐人爱吟山水，奔放不羁，气势恢宏。宋人则以情为主，清丽雅致，哀婉不尽。

贾宝玉有通灵玉，薛宝钗有黄金锁，林黛玉是草木之人，妙玉则有一柄掸不去世间情缘的拂尘。他们都有超脱的气韵，不凡的诗心。红楼女儿，依照诗的安排，选择了各自的结局。不偏不倚，不增不减，亦无喜无悲，无来无往。

一部红楼，有诗有词，亦有赋。红楼女儿之诗心词骨，借曹公之笔，泼洒而出。宝钗之端然娴雅，黛玉之冰洁灵秀，湘云之豪情潇洒，探春之妩媚风流，妙玉之清高离尘，皆落于诗词。所有的诗词之作，若一道顾盼悠悠的风景，从秦汉古道，唐宋水畔，款款走来。

红楼如梦亦如诗，一切众生，世态百味，因诗而有了雅意风情。缘起有言，缘灭亦有言。“说到辛酸处，荒唐愈可悲。由来同一梦，休笑世人痴。”